おうちごはんと 日本ワイン

自宅で楽しむ 絶品ペアリング

二宮崇典 ✕ そらしど

マイナビ

はじめに

本書で料理を担当している二宮です。

今本屋さんに行けば、料理の本がこれでもかと並んでいます。

この本の特徴はただ単に料理のレシピを列記しただけではなく、

「料理の基本のき」「ワインの基本のき」にこだわって制作してみました。

料理を学ぶ上で器用・不器用は関係ありません。どなたでも上手に作れるようになります。
この本のレシピ通りに作れば、手軽な一品から贅沢なごちそうまで、幅広い料理が作れるようになります。
まずは、何のお料理でも構いませんので、ご自分の自信作ができるといいですね。
毎回大さじ何杯、小さじ何杯、何カップと量るのではなく、だんだん目加減、手加減でできるようになると、どんどん料理が楽しくなってきますよ。

まったくの初心者だけでなく、例えば、魚の三枚おろしを知っているようではっきりとは理解されていない方も、復習のつもりでご覧ください。
出汁の取り方、揚げもの、煮もの、蒸しもの、酢のもの、造り、鍋もの、ごはんものなどの基本を取り上げ、説明しています。

講師を務める調理学校の学生にも言っていることですが、料理に自信が持てるようになるのは、野菜の皮がしっかりむけたり、細く切れたり、同じ太さや大きさの物が切れること、魚がおろせるようになることといった、料理を作り始める前の段階です。ここに自信が持てるようになれば、いろいろなレシピを見ても、綺麗に、おしゃれにできるようになります。
時間を見つけて練習してみましょう。自分の包丁と仲良くなってくださいね。

何といっても他の料理本にないのは、日本ワインとの組み合わせです。
日本料理、造り、煮ものにはどんな日本ワインがいいのだろうという本はありませんでしたが、この本ではそらしどさんがわかりやすく説明しています。
ぜひ、料理と日本ワインの組み合わせを楽しんでいただきたいと思います。
テーブルクロスを敷き、グラスを並べ、カトラリーを置けば、家庭レストランのでき上がりです。料理と日本ワインを楽しんでください。

二宮崇典

皆さんこんにちは。本書で日本ワインを伝えさせていただいております、作家のそらしどと申します。私はもともと大のお酒嫌いでした。その私が今では生活に日本ワインがなくてはならなくなるほど夢中になり、日本全国、日本ワインを求めて走り回っているのは、何よりもワインは料理を100倍おいしくしてくれる魔法の飲み物だから。そして海外のワインではなく、日本のワインにハマったのは、日本の水と土で育ったお肉やお魚、お野菜には、やはり日本の土や水で育ったブドウから造られた日本ワインがぴったりだったからです。

本書は、日本の日常で食べられる気軽なおうちごはんレシピから、ちょっとおうちで料亭気分を味わいたいときの贅沢なごちそうレシピまで、おすすめワインと共にご紹介しています。皆さんいろいろな日本ワインにトライしていただければと思います。

おうちごはんに気楽に合わせていただけるように、買いたいと思ったときに手に取りやすい全国の代表的なワイナリーを、地域のご当地ごはんと共に紹介しています。どのワイナリーもそれぞれの地域の特徴と魅力があるので、実際に行かれてみて旅先でご当地ごはんと合わせてワインを楽しむのもおすすめです。

日本ワインってどんなものだろう？ という疑問にお答えできるよう、基本的な日本ワインの知識も紹介しています。ラベルの見方やブドウの品種、ブドウ畑の1年や日本ワインの歴史などを知ることで、さらに日本ワインに愛着を感じ、ますます日本ワインがおいしくなるはず。

日本ワインを日本の食卓に広める努力をされてきた大手メーカーや、独自の食文化を育む島のワイナリーの取り組みに着目し、日本ワインと食について関心を深めていただければと思います。

皆さんの日常のおうちごはんがこの本によって少しでも楽しくなるよう、ささやかに彩ることができますよう、心より願っております。

そらしど

CONTENTS

Part 1 身に付けたい 基本の手順

Part 3 覚えておきたい 絶品レシピ

Part **4** 一緒にマスターしたい 洋食・中華

Part **5** 日本ワインとワイナリーについて知ろう

本書の使い方

料理
ページ

Part1では料理の基本となる手順や下準備について、Part2からPart4では、和食を中心に覚えておきたい料理レシピを掲載しています。

初心者の方でもおいしく作れるよう、料理の流れを手順を追って解説しています。

おいしく作るためのポイントや、特に押さえておきたい知識などを解説しています。

本書のレシピ全てに、そらしどによる日本ワインのペアリングを掲載。料理との組み合わせを楽しんでみましょう。

ワイン
ページ

PrologueとPart5では、日本ワインを楽しむために初心者が知っておきたい情報をピックアップして解説しています。基本知識や、日本全国の魅力的なワイナリーを紹介します。

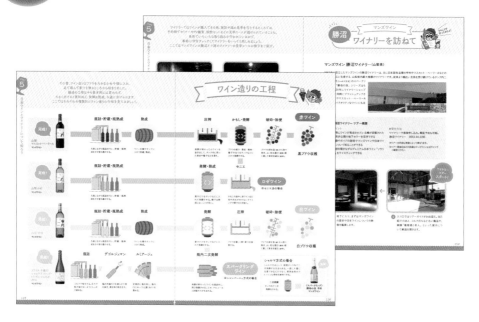

日本ワインの基礎知識とマリアージュ

みなさんは「日本ワイン」って知っていますか？
実はそのおいしさに年々注目が集まり、盛り上がっているワインなんです。
洋食はもちろん、意外に和食や中華にもぴったり。
そんな日本ワインについての基礎知識をご紹介します。

日本ワインって そもそもどんなワインなの?

A 国産ブドウのみを原料とし、日本国内で 製造された果実酒＝日本ワインです。

「国内製造ワイン（国産ワイン）」と呼ばれるものには、国産ブドウのみを原料とする「日本ワイン」と、それ以外のワインがあります。消費者が誤解や混乱をせずに商品を選ぶことができるよう、2018年10月30日から、ラベル表示をわかりやすくするための基準が施行され、日本国内で製造された果実酒・甘味果実酒などを「国内製造ワイン」、その中で国産のブドウのみを原料とし、日本国内で製造されたものを「日本ワイン」と定義しました。日本ワインに限り、商品名を表示するラベルに「日本ワイン」と表示できるほか、ブドウ収穫地、ブドウの品種名、ブドウの収穫年を表示できます。

◤ 日本ワインだけラベルが違う! ◢

❶国産のブドウのみを原料とし、日本国内で製造されたものを「日本ワイン」と表示。
（表ラベルは任意表示、裏ラベルは義務表示）

❷単一品種の表示はその品種を85％以上使用した場合、ブドウの品種名の表示可能。

❸その地域で収穫されたブドウを85％以上使用した場合、ブドウ収穫地名の表示可能。

❹同一収穫年のブドウを85％以上使用した場合、ブドウの収穫年（ヴィンテージ）の表示が可能。

日本ワイン	
品目	果実酒
原材料名	ぶどう（山梨産）※ /酸化防止剤（亜硫酸塩）
製造者	○○株式会社 山梨県○○郡○○
内容量	720ml
アルコール分	12%

（裏）

裏ラベルには「製造者名」「製造場所在地」「内容量」「品目名」「アルコール分」「日本ワインであること」「原材料及びその原産地名」の表示が義務付けられている。

表
山梨甲州
甲州
❶ 日本ワイン
❸ GI Yamanashi
2022 ❹

◤ 日本ワイン市場は拡大中!! ◢

前年比(%)
千ケース

日本ワイン市場は
10年間で約1.5倍に急成長!

	'09	'10	'11	'12	'13	'14	'15	'16	'17	'18	'19	'20	'21	'22
前年比		104	102	107	112	108	109	106	103	103	103	102	97	97	107

2009年以降、日本ワインの市場は年々拡大中。コロナ禍の影響を大きく受けた2020年、2021年は前年割れしたものの、基本的には右肩上がりで推移しており、なんと2012年からの10年間で約1.5倍になっています!

出典：サントリー株式会社

Q 日本ワインはどこで買ったり、飲んだりできる?

A 全国にあるワイナリーから好みの味を探す旅をしよう!

　日本ワインを買うならワインショップや酒販店、飲むならワインバーなどの日本ワインを提供する飲食店はもちろん、日本には全国に400以上のワイナリーがあり、それぞれのショップで生産者から直接購入することもできます。また、各地でワイナリーと組んだお祭りやイベントが1年を通してたくさん開催されています。地域の食を楽しみながら旅をするのも日本ワインの楽しみの1つです。最近ではオンラインイベントも盛んに行われているので、自宅で遠方の生産者のセミナーを受けながら日本ワインを楽しめます。

GIって?

　GIとは、Geographical Indication(地理的表示)の略です。「地理的表示」とは、原産地の特徴と結び付いた特有の品質や高い評価を備えている産品について、その原産地を特定した表示をすることです。WTO(世界貿易機関)加盟国では、地理的表示を知的所有権と位置づけ、それぞれの国で法的措置または行政的措置を行うことが義務付けられています。

　日本では2013年7月、ワインにおける初の地理的表示「山梨」が、国税庁告示で指定された

ことからスタートし、現在以下の5産地が指定されています。GI表示をするためには、日本ワインであることに加えて、さらに厳しい基準が定められています。原料は原産地のブドウ100%であることはもちろん、指定品種のみを使用していること、原産地で醸造・容器詰めまで行っていること、補糖、補酸、除酸には一定の制限があることなどに加え、分析値などの審査、表示審査、そして人間の感覚を用いた官能検査をクリアしなければGI表示は認められません。

現在認定されている地域

北海道	山形	山梨	長野	大阪

[取材協力] **松本信彦** マンズワイン株式会社常任顧問、葡萄酒技術研究会会長
1969年マンズワイン株式会社入社。1976年からフランスのボルドー大学ワイン醸造学研究所へ留学。
利酒適性資格とフランスの国家資格であるワイン醸造士、2つの資格を取得。
GI山梨の立ち上げに大きく貢献するなど、現在も日本ワイン界の発展に尽力している。
山梨大学客員教授、山梨県ワイン酒造組合専務理事も務める。

日本ワインを日本独自のペアリングで楽しもう！

明治時代に本格的なワイン造りが始まり、日本独特の食文化と味覚と共に約150年かけて育ってきた日本ワイン文化。その地の水や土で育ったブドウから造られるワインは、その地で育てられた肉や魚や野菜と当然相性がよいのですが、実は、日本の食の基礎となる「出汁」「醤油」「みそ」「みりん」などとも日本ワインは非常にマッチします。素材の味を活かす、繊細で素朴な日本人の食卓に、日本のブドウで造られた優しい味わいの日本ワインで彩りを添える楽しさをぜひ、本書を通じて体感してください。

お刺身やお寿司には「日本ワイン」

実は、魚介類と一般的なワインを合わせると鉄分が臭みを発生させてしまいます。しかし、日本のブドウである甲州やマスカット・ベーリーAで造られたワインは鉄分の含有量が少ないという調査結果が発表されています。日本を代表するお刺身やお寿司には日本ワインがぴったりなのです。

おすすめの組み合わせ！

 ×

お刺身4点盛り（P.40を参照）　甲州

 ×

ちらし寿司（P.76を参照）　甲州

「出汁」と「日本ワイン」を味わう歓び

昆布のグルタミン酸、カツオ節のイノシン酸、キノコ類のグアニル酸など、それぞれの出汁はワインと合わさることでさらに味わいが引き立つと言われています。

おすすめの組み合わせ！

 ×

おでん（P.68を参照）　甲州

 ×

冬瓜のエビそぼろあんかけ（P.94を参照）　シャルドネ

お醤油やおみそに「日本ワイン」で至福の時間を

ワインと同じ発酵食品でもある「醤油」や「みそ」が持つ酸は、日本ワインと合わせた際にまろやかな余韻を生み出します。「みりん」や「砂糖」と組み合わせた際のマッチングはまさに至福のひとときをもたらしてくれます。

おすすめの組み合わせ！

 ×

マグロとわけぎのぬた（P.106を参照）　キャンベルアーリー

 ×

豚の角煮（P.64を参照）　マスカット・ベーリーA

Part 1

身に付けたい 基本の手順

まずは包丁の持ち方、火加減、下ごしらえなどの基本を身に付けましょう。
和食の基本となる出汁の取り方も解説しています。
ひとつひとつは小さなコツでも、料理をきちんとおいしく作るためには大切なポイントばかり。
普段料理をしている人も、この機会に見直してみましょう。

Menu

- 料理の基本
- 出汁の取り方
- ごはんの炊き方
- 寿司めしの作り方
- 野菜の切り方
- 主なあしらい
- 魚の下処理
- イカの下処理
- 酢の物の基本
- 基本のみそ
- 乾物の扱い方
- 基本の道具

料理の基本

基本となる包丁の選び方と使い方、火加減、油の温度の見分け方を覚えましょう。
少しのポイントを押さえることで、料理がグッとおいしくなります。

包丁の種類

初心者に
おすすめ

❶ 薄刃（菜切り）包丁
片刃の包丁で、皮むきや面取りなど
野菜を切るときに使う。

❷ 柳刃（刺身）包丁
18cm以上の長い片刃の包丁。刺身
など、柔らかいものを切るときに使う。

❸ 出刃包丁
刃先が薄く、魚を扱いやすい片刃
包丁。15cmのものを1本持っておくと便利。

❹ 牛刀
刃の両側に力を加えられる両刃の
包丁。肉を切るのに向いている。

包丁の持ち方

卓刀式
基本の持ち方。中指・薬指・小
指で包丁の柄を握り、親指と人差
し指で柄の付け根を挟む。

全握式
柄を指と手のひら全体で握るため
力が伝わりやすい。硬いものを切
るときの持ち方。

支柱式
人差し指を伸ばし、包丁のみねに
乗せて握る。細かい力加減がしやす
い。肉や刺身を切るときの持ち方。

NGな持ち方
包丁のみねに親指を乗せる持ち方
は避けましょう。肩に力が入りすぎ
て指を切りやすくなってしまいます。

姿勢について
調理台に向かって、軽く右足を
引き45°に構えます。まな板か
らは握りこぶし1つ分、体を離
してください。
上から押すように切ると断面が
つぶれてしまいます。なるべく前
に滑らすようにして切りましょう。

火加減の見方

料理の失敗を減らし、おいしく作るために重要なのが火加減です。
炎を見て火加減の違いを判断できるよう、イラストを見て覚えましょう。

強火
鍋底全体に炎が当たり、炎が少し広がった状態。

中火
炎の先端が鍋底に当たるか当たらないかくらいの状態。

弱火
炎の先端が鍋底とコンロの真ん中ぐらいにある状態。

とろ火
弱火よりもさらに弱い火、消えるか消えないかくらいの火加減の状態。

油の温度の見分け方

油の温度は3つの状態の見分け方を覚えましょう。
衣をさいばしの先に付け、油に落としたときの様子で見分けられます。

❶ 低温（150〜160度）
落とした衣が鍋底まで沈み、ゆっくり上がってきた場合。

基本

❷ 中温（170〜180度）
落とした衣が鍋底まで沈まず、液面までの中間から上がってきた場合。揚げもの全般に使える温度。

❸ 高温（200度以上）
落とした衣が油の中に沈まない場合。

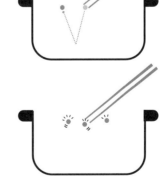

油に食材を入れると、だんだん様子が変化してきます。食材が浮いてきて、気泡が小さくなったら揚がった目安。まず低温で揚げ、最後に油の温度を上げて色付ける二度揚げもよく使われる方法です。
揚げもので大切なのは油の温度をキープすること。食材を入れ過ぎると油の温度が下がってしまうので、食材を入れるときは揚げ鍋の6〜7割くらいの量を目安にしましょう。

出汁の取り方

出汁は汁物や煮物の土台となり、これが和食の味を決定付けるといっても過言ではありません。
材料となるカツオ節、昆布、煮干しは、それ自体が凝縮された旨味を持っています。
旨味や香りが出たら手際よく仕上げましょう。

カツオ節

選ぶときは、手に持ってみて重みのあるもの、淡い灰白色のカビがまんべんなくついているものを目安にします。水分の多いものは青カビ、脂肪が酸化しているものは黄色のカビがつくので避けましょう。削ったカツオ節はすぐに使い切り、保存する場合はラップに包んで冷暗所に置きます。
旨味のあるよい出汁を引くためには、削りたてのカツオ節を使うことがポイントです。

昆布

自然なあめ色で、肉が厚く幅広で、表面に白い粉が出ているものが良質です。品質では最高級品の真昆布（山だし昆布）がありますが、一般的には利尻昆布（礼文昆布）や、日高昆布が使いやすいです。

煮干し

煮干しはみそ汁や煮物の出汁によく使われます。買うときは、腹がさけているものや、赤みがかったものは避け、よく乾燥したものを選ぶようにしましょう。

一番出汁　吸い物に使用

材料
昆布20 〜 30 g、カツオ節30 g、水1ℓ

❶昆布は固く絞った布巾で表面のゴミなどを拭き取る。

❷分量の水と共に入れて弱火にかける。

❸昆布は沸騰させると余分な臭みが出るので、沸騰直前の細かい泡が出てきたら引き上げる。

❹昆布を引き上げたら一度沸騰させ、少量の水（分量外）を加えて沸騰を抑えてからカツオ節を加える。
　再び沸いてきたら火を止めて、アクを取り、布かザルなどで少しずつ漉す。

昆布は沸騰させると臭みが出てしまうので、沸騰直前に引き上げる。

カツオ節は、必ず火を止めてから入れる。

吸い物の場合は、雑味が出ないよう手早く漉すことを意識するとよい。

二番出汁　煮物・みそ汁に使用

材料
一番出汁で使用した昆布とカツオ節、新しいカツオ節10〜15ｇ、水1ℓ

❶鍋に水と一番出汁で使用した昆布とカツオ節を入れ、強火で沸騰させる。

❷沸騰したら、表面がことことゆれる程度の火加減にし、出汁の量が全体の1/2か1/3になるまで煮詰める。

❸新しいカツオ節を加えて火を止め、アクを取り、布かザルで静かに漉す。

一番出汁の出し殻でも、十分おいしい出汁が出る。捨てずに活用しよう。

昆布出汁　吸い物・麺類に使用

材料
昆布40ｇ、水1ℓ

❶昆布は固く絞った濡れ布巾で表面の汚れを拭き取る。

❷分量の水に7〜8時間漬ける。

※夏場は水がぬるくなるため、冷蔵庫で行うとよい。

昆布は1晩漬けておくと、旨味の濃い出汁が取れる。

煮干しの出汁　みそ汁・麺類に使用

材料
煮干し40ｇ、水または昆布出汁1ℓ

●濃厚な出汁の取り方
煮干しは頭とワタ（内臓）を取り、縦2つに割るか適当に刻む。分量の水または昆布出汁と共に火にかけ、沸騰してきたらすぐに火を止めて布かザルで漉す。

●淡白な出汁の取り方
やや多めの煮干し（50ｇ）を用意し、頭と内臓を取って縦2つに割るか刻む。水に7〜8時間漬けて、そのまま布かザルで漉す。

頭と内臓をきちんと取ると、雑味の少ない上品な出汁に仕上がる。

二宮先生の和食コラム

八方出汁（はっぽうだし）

吸い物を構成する要素のうち、
出汁に味を付けたものを「吸地」（すいじ）と言います。
基本の分量は、出汁3カップ、塩小さじ1/2、薄口醤油小さじ1です。

和食の汁物の具材は、「椀種」（わんだね）「椀づま」「吸口」（すいくち）で構成されています。
椀種は主な材料のことで、魚介類や肉類、野菜、乾物など、これはどういった汁物です、と主張する材料です。
椀づまは椀種の添え物になる材料です。
吸口はこれらの締めくくりになるもので、お椀のふたを取ったときの香りや舌に心地よい刺激を与えます。
代表的なものは木の芽、柚子、しょうが、からし、わさびなど。
これらの相性のよい組み合わせが、汁物の季節感やおいしさを作り出します。

なお、椀種や椀づまに下味を付けるために使用する出汁を八方出汁と言います。本書でも、P.67やP.103で八方出汁を使用するので覚えておきましょう。具材が水っぽいとおいしくないので、吸地よりもやや濃いめに作った八方出汁で味を付けてから調理するのです。

ごはんの炊き方

米を計量するときは、炊飯器用のカップを使いましょう。調理用の計量カップは1カップ＝200mlなのに対し、米を量る容器は1カップ＝180ml（1合）です。3合炊くときは3カップ分を研いでください。

基本の研ぎ方

❶ボウルに米を入れ、水を入れてサッとかき混ぜたらすぐに水を捨てる。

❷❶を1回の研ぎとして4～5回研いだら、ひたひたになる量の水に1時間くらい漬ける。

※浸水といって、1粒1粒に水分を含ませ、炊き上がった米に芯が残るのを防ぐ。

❸米の水を捨て、米の量に合った分量の水を入れて炊く。

米を研ぐときはぬか臭くならないように、1回目の研ぎの後はすぐに研ぎ水を捨てるのがポイント。

浸水は米が白っぽくなるまで行うのが目安。

米の炊き方〈土鍋〉

〈分量（3合分）〉　米3合、水600ml

❶米を量る。ボウルに計量カップですり切り3杯の米を入れる。

❷上の〈基本の研ぎ方〉を参考に米を研ぐ。

❸ボウルに米がかぶるくらいの水を入れて、浸水させる。夏場は30分くらい、冬場は1時間くらいを目安に漬けたらザルに上げ、水気を切る。

❹土鍋に米と水を入れてふたをする。強火で5～6分加熱し、沸騰したら弱火で10～12分ほど炊く。まったく蒸気が上がらなくなったら火を止めて10分くらい蒸らす。

❺ふたを取り、しゃもじを鍋の内側に沿ってぐるりと入れ、軽くほぐすように混ぜる。

土鍋で炊くと手間はかかるが、その分ふっくらとおいしく仕上がる。

米の炊き方〈炊飯器〉

❶米を計量カップで必要な分を量る。水は炊飯器の表示通りに量る。

※水はおおよそ米の2割増しになる。米を3カップ炊く場合は、水は3カップ＋40～50ml使う。

❷上の〈基本の研ぎ方〉を参考に米を研ぎ、1時間くらい浸水させる。

❸炊飯器の表示通りに炊く。

寿司めしの作り方

寿司めしはまず米を選ぶことが大切です。粒のそろった色つやのある硬質のものが合います。
山形県の庄内米など、よい米で作ってみましょう。味の違いに驚くはずです。

〈合わせ酢の分量（米5カップの場合）〉
酢1/2カップ強、塩大さじ1、砂糖大さじ2 ～ 3
※酢は米の1割を目安にする。

すし酢はしゃもじ（宮島）を伝わせて回し入れる。

❶ 浸水した米をザルに上げて水気を十分に切る。米と同量の水を用
意する。

※水の代わりに昆布出汁（P.17参照）を使い、少しみりんを加える関西
風も旨味がある。

❷ 鉄釜や鍋に量った水を入れて火にかけ、煮立ってきたら米を入れ
てふたをする。

❸ 再び沸いてきたら火を弱火にし、10分くらい経ったら火を止める。
そのまま10分くらい蒸らしたら、ふたを取ってごはんを手早くほぐ
し、ぬらした飯台（寿司桶）に移して広げる。

❹ 合わせ酢の材料を混ぜ、飯台に移したごはんに回しかける。混ぜる
ときに使うしゃもじ（宮島）にもかけるとよい。

❺ しゃもじで切るようにして手早く酢を米全体に混ぜ、うちわなどであ
おぎながらごはんのつやを出す。表面が冷めたら底の方の熱い部
分を表面に出してあおぐ。2 ～ 3回繰り返し、少しぬくもりのあるう
ちに自然に冷ます。寿司めしが乾燥しないようにぬれ布巾をかける。

できれば、うちわであおぎながら混ぜるとよい。
つやが出たら、人肌くらいまで冷ます。

※合わせ酢は、酢と塩の分量は一定でかまいませんが、砂糖の量は寿司の種類や具によって調整します。
一般に、魚介類中心の寿司は砂糖を控えめにし、野菜や乾物中心の寿司は砂糖を多めにします。

二宮先生の和食コラム

寿司めしは用途によって使い分けがされています。皆さんが寿司と聞いて一般的にイメージする江戸前（握り）
寿司では、甘いごはんはネタに合わないとされています。そのため、ごはん（シャリ）が塩辛い店はネタがよいと
言われていますし、ネタの鮮度のよい店が「うちはごはんに砂糖を使っていません」と言うこともあります。
逆に大阪の箱寿司（押し寿司）、太巻き、化粧寿司（飾り切りなどの「化粧」が施された寿司）は甘いごはんが合うと言わ
れています。本書に載っている寿司では砂糖を入れていますが、一口に「寿司」といっても、プロは作るもの
によって使い分けをしているのです。お店に行ったら違いを楽しんでみましょう。ご参考までに！

野菜の切り方

基本の切り方

野菜の基本の切り方を紹介します。切り方によって、食材の大きさや見た目、味にも違いが出ます。意識して切ってみましょう。

輪切り

切り口が丸の材料を使いたい幅に切る。

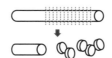

小口切り

細長く切り口が丸い材料を、端の方から薄切りにする。

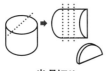

半月切り

切り口が丸の材料を縦半分に切り、等幅に切る。

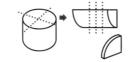

いちょう切り

切り口が丸の材料を縦に十字に切り、等幅に切る。

地紙切り

いちょう切りの角を落とす切り方。

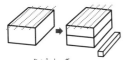

拍子木切り

材料を直方体にし、拍子木のように棒状に切る。

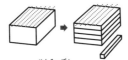

千六本切り

拍子木よりも細く、マッチ棒の太さに切る。

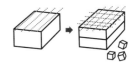

さいの目切り

1cm四方のサイコロ状に切る切り方。

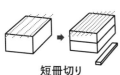

短冊切り

材料を長方形の薄切りにし、短冊状にする。

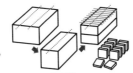

色紙切り

色紙のような正方形になるよう薄切りにする。

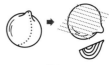

薄切り

材料を端から2mm程度の厚さに薄く切る。

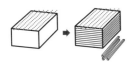

千切り

一度薄切りにしてから、特に細く切る。

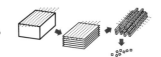

みじん切り

細い千切りにしてから、端からさらに刻む。

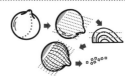

玉ねぎのみじん切り

縦半分に切り、根本を残して端から薄く切り込みを入れる。横に切れ目を入れ、端から細かく切る。

その他の切り方

野菜は基本の切り方以外にもさまざまな切り方があります。
その中でも、よく登場するかんたんな切り方を紹介します。

くし形切り

球状の野菜を半分に切り、中心から放射状に包丁を入れる。ちなみに「くし」は髪に使う櫛のこと。

ささがき

材料を回しながら、端から削るように細く切る。ごぼうなどの細長い材料に向いている。

乱切り（回し切り）

材料を回しながら包丁を入れる切り方。切り口は不規則に、大きさは同じくらいに切る。

烏帽子切り

筒状の材料を長めの小口切りにした後、斜め切りにする。「烏帽子」は昔からある和装の帽子のこと。

斜め切り

材料を斜めにして等幅に包丁を入れていく切り方。切り口が丸い材料だと断面が楕円形になる。

かつらむき

円柱形の材料を回しながら、長く切れないようにむいていく切り方。大根の皮むきによく使われる。

そぎ切り

斜めにそぐようにする切り方。切り口の表面積を大きくすることで、短時間で材料に火が通る。

そぎ切りは、野菜だけでなく、鶏肉などにもよく使われる。包丁の刃を寝かせ、肉の厚みを薄くするよう意識するとよい。

面取り

大根、にんじん、里芋など、煮くずれしやすい野菜の切り口の角になっている部分を包丁で浅くそぎ、角を丸くする手法を面取りと言います。
煮くずれ防止や、料理にしたとき口当たりも見栄えもよくなる効果があります。

飾り切りにチャレンジ！

食卓が華やかになる基本の飾り切を紹介します。
さりげなく取り入れると料理がワンランクアップします。

しいたけ

鍋や煮物などでしいたけを丸のまま使う場合は、かさの部分に放射状に切れ目を入れると味が染み込みやすく、見た目も華やかになる。

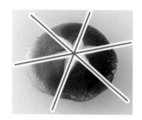

白髪ねぎ

白髪のように細くした長ねぎ。一定の長さに切ったら縦に切り込みを入れて白い部分のみにし、端から千切りにして作る。

れんこん

れんこんを一定の幅に切り、穴と穴の間にV字に切り込みを入れる。雪輪れんこんの場合は穴の中心に向けて切り込みを入れる。

花形れんこん

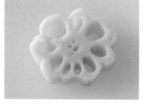

れんこんの穴に沿って花形にする切り方。穴の丸みに沿って、角をなくすように皮をむいたら完成。

雪輪れんこん

雪の結晶の形にする切り方で、秋冬の料理に取り入れる。全ての切れ目を通過するように、かつらむきの要領で丸くむく。

松葉（キュウリ）

キュウリを使ったかんたんな飾り切り。添えるだけで和食らしさがぐっと高まる。

3cmくらいの長さに切った後、縦に四等分にする。

松葉

種を切り落として縦半分に切り、中心に切り込みを入れて左右に広げると「松葉」の完成。

折れ松葉

種を落としたら幅の1/3に切り込みを、上下反対にして同じく切り込みを入れ、両端を持ち上げて交差させる。

主なあしらい

刺身の薬味や煮物・焼き物の大根おろしなど、和食で料理に添えるものを「あしらい」と言います。
味の相性や彩りを考え、メインの料理を引き立てるものを選びましょう。

刺身

刺身は魚と、「けん」「辛味」「つま」の3つのあしらいによって成り立っています。

けん
野菜を千切りにし、立体的に盛り付けたり刺身に敷いたりします。大根、にんじん、キュウリ、みょうがなどがよく使われます。

辛味
わさびやしょうが、にんにくなど、魚に合わせて使い分けます。

つま
季節のものを使うことが多いです。花穂や赤目、大葉など、香りの高いものを使います。

煮物・焼き物に合うあしらい

菊花かぶ
かぶを菊の花に見立てたあしらい。皮をむいたかぶの頭を切り落とし、縦横に細かく切り込みを入れ、甘酢に漬けて作る。

緑の野菜
ゆでたほうれん草など、青物と呼ばれる緑の野菜は、添えるだけでお皿をグッと引き締めてくれる。

酢蓮
焼き魚やちらし寿司に欠かせないあしらい。皮をむき薄切りにしたれんこんを酢水でさっとゆで、甘酢に漬けて作る（P.77 ③参照）。

針しょうが
しょうがを針状に細くした針しょうがは、和食でよく登場するあしらい。煮物や和え物、ごはんものなど、幅広く活躍する。

魚の下処理

魚の水洗いの方法

魚を買った後、そのまま冷蔵庫に置いておくと状態が悪くなってしまうため、ウロコ、エラ、腸など調理に不必要なものを取っておきます。これを「魚の水洗い」といいます。ここではアジを例に手順を紹介します。

❶ 頭を持ち、尾から頭に向かって包丁でそぐようにウロコを取る。頭の向きは変えずに裏返し、反対側も同じようにウロコを取る。

❷ アジは両方の側面にぜいご（固いウロコ）があるので、包丁で取る。尾の方から刃先を入れ、頭に向かってやや上向きに刃を進める。他の魚の場合は料理に合わせて次へ進む。

尾頭付きで使う場合

頭を右に、腹が手前にくるように置き、包丁でエラを取る。

腹に浅く切り込みを入れ、包丁で腸を出す。

流水でよく洗い、キッチンペーパーなどで水気を拭き取る。

二枚おろし・三枚おろしにする場合

胸ビレと腹ビレを立て、それぞれの付け根を結ぶように斜めに包丁を入れて、頭、胸ビレ、腹ビレをまとめて切り落とす。

腹側の縁をまっすぐ切り、包丁の刃先で腸を出す。

流水でよく洗い、キッチンペーパーなどで水気を拭き取る。

二枚おろし・三枚おろしの方法

魚をおろすときは、魚の頭の位置を右側に、腹の位置が手前になるようまな板に置きます。
このとき、上にある側を裏身、下にある側を表身といいます。魚は必ず裏身からおろします。

6 最後に尾を切り離す。これで二枚おろしの完成。裏身が切り離され、表身は骨についた状態になる。

1 水洗いした魚を、頭の位置が右側、腹の位置が手前になるようにまな板に置く。

7 表身の背側から包丁の刃先を入れ、中骨に沿って進める。

2 腹側の頭の方から包丁の刃先を入れ、尾に向かって中骨に当たるまで刃を入れる。

8 反転させ、腹側から包丁を入れて残りをおろす。

3 魚を裏返し、背中側の尾から頭に向かって包丁を入れる。中骨に沿って刃を進める。無理に切ろうとせず、2回くらい包丁を入れる。

9 裏身、表身、中骨の3つに分かれた三枚おろしの完成。

4 包丁の刃を尾の方向に向け、尾の付け根の部分に入れる。このとき尾を切り離さないように注意する。

5 一度包丁を抜き、同じ位置に刃先を逆向きにして入れる。中骨に沿って尾から頭に向かって一気に包丁を進める。

腹骨の取り方

二枚おろしや三枚おろしにした魚には、細かい骨が残っています。
身に残った腹骨は包丁でまとめて取ることができます。

すくい終わるときは包丁を縦にし、まっすぐ
切る。

三枚おろしにした身を縦にして、左側に腹
骨がくるように置き、中心から腹側に向かっ
て骨をすくうように薄く包丁を入れる。

薄皮のむき方

魚の皮は手や包丁でむくことができます。生で食べると硬くて食感が悪いものが多いので、お刺身にするとき
は皮をむくのが一般的です。

包丁を使う場合

手でむく場合

魚の頭の方の角から、指で皮を少しめくる。

皮を下にして魚を置く。めくった皮の端を
包丁と逆の手でつまむ。包丁の背を下にし
て持ち、皮と身の間にみねを差し込む。尾
に向かって皮をしごくように包丁を進める。

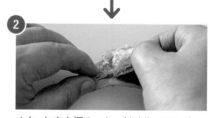

めくった皮を掴み、ゆっくりとむいていく。

まな板に包丁の背を力を入れて押し付け
ながら、尾の先まで包丁を進め、皮を外す。

むいた身をもう片方の手で押さえながら、
尾の先までむく。

イカの下処理

イカを自分で調理できるようになると料理の幅が広がります。
下処理の方法を覚えて、部位ごとに使い分けてみましょう。

6 胴の内側にワタや汚れが残っているのでていねいに拭く。

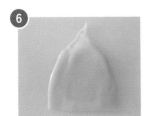

1 胴の中に指を入れ、つがい（胴とワタがくっついている部分）を外す。

7 ワタは目の上に包丁を入れて切り離す。目と目の間に切り込みを入れる。

2 エンペラ（三角の部分）と足を持ち、ゆっくり引っ張って胴とワタを外す。

8 目を手で取り外し、その下にある硬い部分（クチバシ）も外す。指で裏から押し出すと外しやすい。

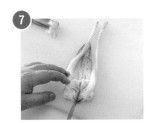

3 エンペラと胴がくっついている部分に指を入れ、エンペラを先端から外していく。

9 ゲソ（足）は厚さを半分に切る。指でしごいて小さな吸盤を取り除く。

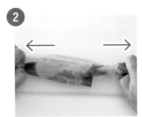

4 エンペラを胴の端まで引っ張って外す。エンペラがあった部分の皮が少しめくれるので、残りの部分もキッチンペーパーなどを使ってむく。

10 ゲソはサッと洗って先端を切り落とし、好きな大きさに切る。

5 胴の中に細長い軟骨が残っているので引き抜く。包丁で胴を開く。

酢の物の基本

酢に調味料や食材を混ぜ合わせたものを合わせ酢と言います。料理に合わせてさまざまな合わせ酢が使われていますが、実はどれも、酢と塩を合わせた「九一」という基本からできています。

酢を入れたら必ず塩も入るものと覚えておきましょう。その他、基本的な合わせ酢を紹介します。

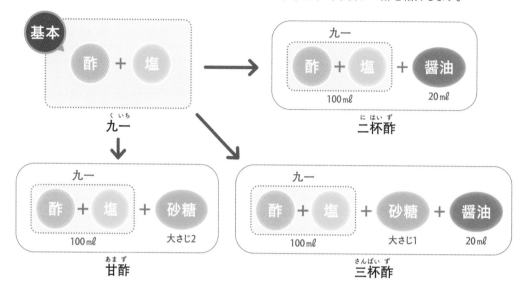

※上記の分量は一例で、用途によって変わります。実際には水や出汁で割って使います。

　上記の四種類の酢に調味料を加えるといろいろな変化が生まれます。例えば三杯酢にカツオ節を加えて煮立てる土佐酢、水と昆布を加えて煮立てる松前酢など。二杯酢や三杯酢は、おろしたしょうがやわさびを加えても楽しめます。

基本のみそ

煮込み料理や和え物、みそ汁など、いろいろな料理に使えるみそ。以下は、基本の赤みそと白みその材料です。

材料をしっかり混ぜ、弱火にかけながらしっかり練ると練りみそができます。作ったら粗熱を取って冷蔵庫で保管しましょう。基本のみその他、さまざまな応用があります。刻んだ木の芽を混ぜる木の芽みそなど、食材を加えたアレンジも楽しめます。

〈アレンジ〉

玉子みそ … 赤または白みそ＋砂糖 (赤みその場合はみそと同量、白みその場合はみその半量) ＋酒＋水＋卵黄 (練りみそができたら火からおろし、卵黄を入れる)

酢みそ … 赤または白みそ＋酢　　柚子みそ … 赤または白みそ＋すり柚子　　ごまみそ … 赤または白みそ＋すりごま

乾物の扱い方

乾物の戻し方

乾物は生ものにはない特有の旨味を持っています。
その旨味を存分に生かすためには、適切な下処理が欠かせません。

かんぴょう

よく洗い、20〜30分ほど水に漬けてやわらかくする。

水を捨て、多めの塩をもみ込む。もしくはまな板の上で塩をこすりつける。臭みが取れ、引き締まって切れにくくなる。

流水で洗い、たっぷりの熱湯でゆでる。ザルに上げてそのまま冷ます。

高野豆腐

80度前後のお湯をたっぷり用意し、高野豆腐を入れる。できれば落としぶたをして、置くとよい。

途中で裏返す。2倍くらいに膨らみ、中心が硬くなければ水に入れる。手の平で挟んで水気を押し出すようにし、白く濁った汁が出なくなったら十分に水気を切って使う。

切り干し大根… 水洗いしてゴミを取り、たっぷりの水に20〜30分漬ける。
歯ごたえが残るくらいに柔らかくなったら固く絞って使う。
干ししいたけ… 水に入れ、落としぶたをして約1時間漬ける。アクが出た水を捨て、ざっと水洗いする。
干ししいたけがひたひたに浸かる程度の水を新たに加え、落としぶたをして約7〜8時間かけて戻す。
この汁には旨味が出ているので、出汁として利用することが多い。

つゆの割合について

和食のつゆは出汁・醤油・みりんの3つの素材による割合で決まります。醤油とみりんの割合は変えずに、出汁の量で味の濃さを調整します。塩気が欲しいときは醤油を少し減らして塩を足し、甘さが欲しいときはみりんを少し減らして砂糖を足すとよいでしょう。

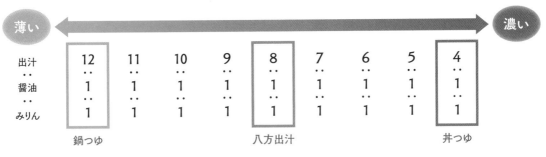

薄い ← → 濃い

出汁	12	11	10	9	8	7	6	5	4
醤油	1	1	1	1	1	1	1	1	1
みりん	1	1	1	1	1	1	1	1	1

鍋つゆ　　　　　　　　　八方出汁　　　　　　　　　丼つゆ

揃えておきたい便利な道具

料理をするために必要な道具を一通り紹介します。ボウルやバット、ザルは、サイズ違いで用意しておくと使いやすいです。下の表を参考に、自分好みのものを探してみましょう。

	サイズ	個数		サイズ	個数
包丁			米用カップ	1合	1
包丁（牛刀）	17.5cm	1	お玉	90ml	1
ペティーナイフ	12cm	1	網じゃくし		1
砥石（といし）		1	木ベラ（宮島）		1
まな板（肉・魚用、野菜用）		2	ゴムベラ		1
鍋			泡立て器		1
片手鍋（15cm、17cm）		各1	おろし金		1
両手鍋	24cm	1	蒸し器	27cm	1
フライパン（ふた付き、20cm、24〜26cm）		各1	キッチンバサミ		1
落としぶた（フライパン・鍋に合わせたサイズ）		1	フードプロセッサー		1
中華鍋	30cm	1	すり鉢	25cm	1
玉子焼き器	15cm	1	すりこぎ	45cm	1
土鍋		1	巻きす		1
ボウル・バット類			缶切り（栓抜き付き）		1
ステンレスボウル（11cm、18cm、21cm）		各2	ピーラー		1
耐熱ガラスボウル（11cm、16cm、21cm）		各1	デジタルスケール		1
ステンレスバット（25cm、30cm）		各1	タイマー		1
揚げアミ（26cm、28cm）		各1	フライ返し		1
手付ザル	直径15cm	1	はけ		1
金ザル（15cm、20cm、25cm）		各1	さいばし		1
一般器具			竹串		1束
大さじ	15ml	1	トング		1
小さじ	5ml	1	茶漉し		1
計量カップ	200ml	1	ワインオープナー		1

計量について

本書では下記の道具で計量しています。

計量スプーンは大さじ（15ml）、小さじ（5ml）を使用しています。小さじ1/2（2.5ml）のスプーンも用意しておくと便利です。

計量の単位は1カップ＝200ml、お米を量るカップは1カップ＝約180mlです。目盛りが見やすいものを使いましょう。

プロに教わる 基本の和食レシピ20

おうちで食べたい定番の和食20品のレシピを紹介します。
手順を写真付きでていねいに解説しているので、初心者の方もぜひチャレンジしてみましょう。
レシピにはそらしどによる日本ワインのペアリングも掲載。
和食との組み合わせをおうちでぜひ楽しんでください。

Menu

親子丼

具材に使用する材料は鶏肉だけというシンプルなレシピ。
みりんの甘味を活かした割り下が味の決め手。
とろとろの卵と熱々ごはんの組み合わせが最高です。

材料(4人分)

鶏肉(むね・もも)(皮は取る) … 各160g
卵 ……………………………… 8個
ごはん ……………………… 約840g

●割り下 (作りやすい分量)
┌ みりん …………………… 350㎖
│ 醤油 ……………………… 150㎖
│ 出汁 ……………………… 100㎖
└ 水 ………………………… 50㎖

❺ ❹が沸いたら、溶き卵を2/3くらい入れ、ふたをして1〜2分ぐらい置く。

❶ 鶏のむね肉とももを肉をぶつ切りにする。

❻ ふたを取り、残りの卵を流し入れる。

❷ 鍋にみりんを入れて1分ほど沸かし、アルコール分を抜く。醤油と出汁、水を加えてひと煮立ちさせ、割り下を作る。

❼ あらかじめごはんを入れておいた丼にすぐに移し、形を整える。残り3人前も同様に仕上げる。

❸ ❷の鍋に鶏肉を入れ、中火で1分ほど煮る。

❹ 1人前ずつ仕上げる。親子鍋か小鍋に❸の割り下80㎖と鶏肉1/4を移し、弱火にかける。卵を2個溶きほぐす。

POINT

● 割り下は、みりん：醤油：出汁＝7：3：2がおいしい割合です。余ったら冷蔵庫で保管しましょう。

● 卵は固まりすぎないよう2回に分けて入れ、半熟の状態でごはんにのせましょう。

● ちなみに、みりんのアルコールを飛ばす際、プロはみりんに直接火をつけて炎が出なくなるまで沸かす手法を取ります。危ないので、家庭では❷の方法で行いましょう。

出汁巻き

ふわっとした口当たりから出汁の旨味がじゅわっと広がる一品。
大人も子どもも大好きな味です。
お弁当のおかずにもおすすめ。

材料（4人分）

卵（大）	5個
出汁	90mℓ
砂糖	大さじ2
薄口醤油	小さじ1
塩	小さじ1/4
大根おろし	適量
油	適量

POINT

- 卵料理は手早さが重要。
  なるべく半熟状態で巻き上げるのがふんわりジューシーに仕上げるコツです。
- 基本の出汁巻きが作れるようになったら、ひき肉を入れた親子焼、のりを挟んだ磯辺焼き、青菜を中心にして巻き上げる若菜巻き、ウナギを中心にして巻くう巻きなど、巻く材料を変えて応用を楽しんでみましょう。

❶ 卵をボウルに溶きほぐす。別のボウルに出汁、砂糖、薄口醤油、塩を合わせ、卵の入ったボウルに移して混ぜる。

❷ 玉子焼き器に油をやや多めに入れて中火にかける。油を回してなじませたら、余分な油をペーパータオルで拭き取る。

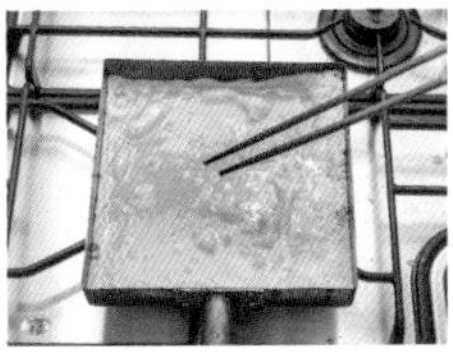

❸ 玉子焼き器にさいばしで卵液を少し落とし、ジュッと音がしたら❶の卵の1/4くらいの量を流し入れる。
全体に広げ、さいばしで気泡をつぶす。

❹ ふちが半熟になったら奥から手前に3つ折りにする。空いたところにペーパータオルで油を薄く塗る。

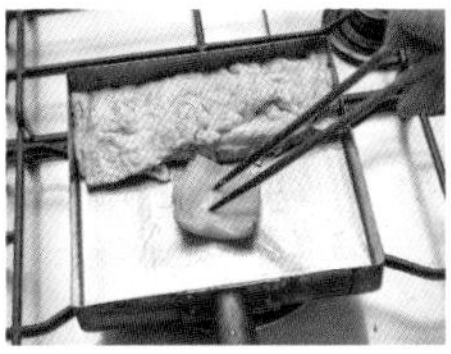

❺ 玉子を奥に寄せ、空いた手前にもペーパータオルで油を薄く塗る。

❻ 残りの卵の1/3の量を手前に流し入れる。奥の玉子焼きの下にも卵液を入れ、ふちが半熟になったら2回目からは2つ折りにする。

❼ ❸～❺の一連の作業を2～3回繰り返し、残りの卵液も同様に焼き、巻いていく。

❽ 玉子焼き器の角を利用して、四角く形を整える。
一口大に切り、器に盛って大根おろしを添え、好みで七味や醤油（分量外）をかける。

おすすめペアリング

金徳葡萄酒デラウェア

河内ワイン

デラウェアの甘い香りとキリッと引き締まった爽やかな酸は、やや甘い出汁巻きと奇跡のタッグ。

五目炊き込みめし

和食の正式な炊き込みごはんは、
塩で炊くか、醤油で炊くかのどちらかです。
今回は醤油で炊くごはん。最初に具材だけを煮て漉し、
薄めた煮汁でごはんを炊くレシピにチャレンジしてみましょう。

プロに教わる基本の和食レシピ20 《五目炊き込みめし》

材料（4人分）

米	3カップ	鶏肉 (ぶつ切り)	1/2枚	●下煮調味料	
油揚げ (千切り)	1枚	出汁	1.5カップ	出汁	1.5カップ
こんにゃく (千切り)	1/3丁	三つ葉 (2cm幅に切る)	5本	醤油	大さじ5
たけのこ (千切り)	小1/2本	焼きのり (刻む)	2枚	砂糖	大さじ2
にんじん (千切り)	1/2本	塩	小さじ1弱	酒	大さじ2
干ししいたけ (戻してから千切り) 3枚					

❺ ❹の煮汁を漉して具材と汁に分ける。

❶ 米を研ぐ (P.18参照)。ひたひたになる量の水に1時間くらい漬け、ザルに上げておく。こんにゃくも同様に1分ほどゆで、ザルに上げておく。

❻ ❺の煮汁に出汁を追加して火にかける。沸いたら塩を入れて味をととのえる。

❷ お湯を沸かし、油揚げを入れ、30秒ほどゆでて油抜きをする。

❼ ❻の煮汁3カップ強に米を入れて、ごはんを炊き上げる (P.18参照)。

❸ 別の鍋に下煮調味料を入れて火にかける。沸いたらたけのこ、にんじん、干ししいたけ、鶏肉、油揚げ、こんにゃくを入れて味を含ませる。

❽ 炊き上がったごはんの上に❺の具をのせ、よく混ぜて5分ぐらい蒸らす。茶碗に盛り、三つ葉と焼きのりをのせる。

❹ 10分くらい煮たら火を止めてそのまま冷ます。

POINT

● 炊き込みごはんは、基本的にごはんは薄く、具は濃く味付け、後から混ぜ合わせます。こうすると、食べたときにごはんと具が合わさっておいしく感じます。ごはんと具を一緒に炊くと両方同じ味になってしまうので避けましょう。

● ❻の工程で、ごはんを炊く【煮汁＋出汁】の割合は、レシピのように下煮汁2カップ＋出汁1.5カップにするとおいしく仕上がります。

┌ おすすめペアリング ┐

キャンベルアーリー・ロゼ

都農ワイン

フルーティーでフレッシュなやや甘い口当たりが具材の味と引き立て合い、ごはんが何杯も進んでしまうかも。

太巻き寿司

おうちごはんや行楽のお供にぴったりな、主役になれる一品です。
いろいろな具材が入って、
一口でたくさんのおいしさが味わえるのが魅力の1つ。
切ったときの断面を想像しながら巻き上げましょう。

材料(4人分)

寿司めし……5カップ
高野豆腐……1枚
かんぴょう……8本
干ししいたけ……大4枚
三つ葉……1束
醤油……大さじ2
寿司でんぶ……100g
焼きのり……5枚
ガリ……適量

●合わせ酢(米5カップの場合)
米酢……1/2カップ(100mℓ)
塩……大さじ1
砂糖……大さじ2

●A〈高野豆腐の調味料〉
出汁……1.5カップ
砂糖……大さじ2
塩……小さじ1/2
醤油……小さじ1/2
酒……少々

●B〈かんぴょう・干ししいたけの調味料〉
出汁……2カップ(400mℓ)
醤油……大さじ4
砂糖……大さじ2
酒……大さじ1

●C〈厚焼き玉子〉
卵……5個
出汁……90mℓ
塩……小さじ1/5
薄口醤油……小さじ1
砂糖……大さじ2

❶ 寿司めしは米5カップ、水5カップで少し硬めに炊き、合わせ酢を混ぜる(P.19参照)。

❷ 高野豆腐はお湯に浸し、2倍くらいに膨らんだら流水で洗い(P.29参照)、水気を切ってAで煮る。縦に4等分する。

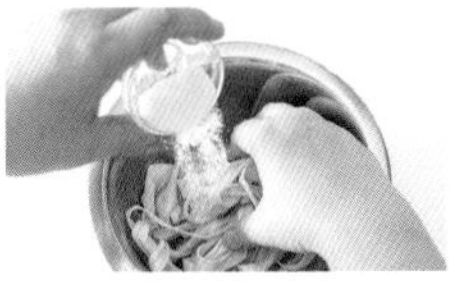

❸ かんぴょうは水で戻して塩でもみ、ゆでる(P.29参照)。干ししいたけは水に漬けて戻し、軸を取って薄切りにする。

❹ 鍋に❸とBを入れて中火で5分ほど煮る。冷めたらかんぴょうは焼きのりの幅と同じ長さに切っておく。

❺ Cをボウルに入れ、よく混ぜる。出汁巻きと同様に焼き(P.35参照)、半分の長さに切り、縦に5等分する。

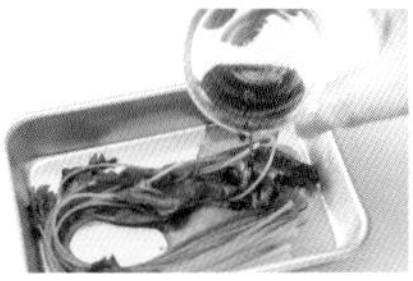

❻ 三つ葉は熱湯でゆでた後で水に入れ、水気を切ったら醤油を全体にかける。

❼ 巻きすの上に焼きのり、寿司めし(150gくらい)を置く。このとき、奥側を指2本分ぐらい空けておく。

❽ 寿司でんぶ、しいたけ、かんぴょう、高野豆腐、三つ葉、厚焼き玉子の順に寿司めしの真ん中に並べる。

❾ 具を押さえながら、手前と奥の寿司めしを合わせるようにして巻き、8等分に切る。

おすすめペアリング

月山山麓セイベル

月山トラヤワイナリー

スッキリとした爽やかなセイベルの酸が太巻き寿司の味わいを引き締め、余韻の膨らみを楽しめます。

POINT

作るのが大変……という人は具材に市販のものを使ってもOK。好きな材料を入れるなどアレンジもたくさんできるレシピです。ただ、自分で具材の下ごしらえなどができるようになると、料理の幅が広がります。ガリを添えるのもおすすめです。

お刺身4点盛り

魚介類を切るだけのレシピではなく、
車エビの湯びき、イカのキュウリ巻き、タイのそぎ造り、
マグロの角造りの4点盛りを紹介します。
ちょっと贅沢なお刺身をぜひ、おうちで楽しんでください。

材料（4人分）

マグロ (さく)	8切れ	焼きのり	1枚	花穂 (はなほ) (あれば)	8本
車エビ	8本	キュウリ	1本	わさび	適量
イカ	1杯	大根	1/4本		
タイ (さく)	8切れ	大葉	4枚		

❻ 胴の中央に縦に入っている軟骨を引き抜く。足は目の下から切り落とし、ワタを取り除く。

❼ 胴と足を水洗いし、残ったワタを洗い流す。胴は皮をむく。

❽ 縦に包丁を入れて開き、細かい切り込みを入れる。

❾ 焼きのりをイカと同じ大きさに切る。切り込みがない面を上にしてイカをまな板に置き、のりを貼る。キュウリを棒状に切ってのせる。

❿ キュウリを中心にイカをきつめに巻く。冷蔵庫でしばらく冷やし、一口大に切る。タイをそぎ切り(P.21参照)にし、全ての材料をきれいに盛り付ける。

❶ 大根をごく細い千切りにし、けんを作る。盛り付けまで水にさらしておく。大葉、花穂は洗って水気を切る。

❷ マグロは白い繊維が左下から右上になる向きでまな板に置き、一口大に切る。

❸ エビは頭を取って両端に串を刺して丸くする。熱湯に入れ、赤くなったら氷水(分量外)に入れる。殻をむいて尾を切り落とす。

❹ イカの下処理をする(P.27参照)。エンペラのある面を上に置く。胴の中に指を入れ、胴と内臓がくっついている部分をはがす。

❺ 利き手で足、もう片方の手でエンペラを押さえ、ゆっくりと引き離す。エンペラを引っ張って胴から外す。

〈 おすすめペアリング 〉

島根わいん 縁結甲州

島根ワイナリー

柑橘を思わせる香りと豊かな酸が魚介類の臭みを消し、複雑味のある余韻が素材の甘味を引き上げます。

POINT

イカのキュウリ巻きは、切ってから常温で長く置くとのりが崩れてくるため、盛り付けたらすぐに食べましょう。

ブリの照り焼き

つやのあるタレがごはんと相性抜群！
ブリは一度焼いて、余分な脂をしっかり拭き取るのが、おいしく作るコツ。
この照り焼きのレシピは他の魚にも活用できるので、ぜひ覚えてください。

プロに教わる基本の和食レシピ20 《ブリの照り焼き》

材料(4人分)

ブリ(切り身)
.... 4切れ (1切れ100gくらい)
油 .... 適量
塩 .... 適量
●タレ
┌ 酒 100mℓ
│ 砂糖 大さじ2
│ 醤油 大さじ1
│ たまり醤油 小さじ2
└ みりん 小さじ2

❶ ブリの切り身は皮の部分を切り取り、薄く塩を振って1時間くらい置き、ペーパータオルで拭き取る。

❷ ボウルにタレの材料を入れて混ぜ、ブリの切り身を入れる。キッチンペーパーなどで落としぶたをして10分くらい漬け込む。

❸ フライパンに少量の油を引いて熱し、❷のブリを皮の付いていた方を下にして入れ、両面に焼き色が付くまで焼く。

❹ 焼き色が付いたらいったん火を止めて、フライパンに残った余分な油をキッチンペーパーで拭き取る。

❺ ❹のフライパンを弱火にかけ、❷のタレを入れる。

❻ タレはスプーンでブリの身にかけて、からませる。タレがとろっとするまで煮詰まったらブリを器に盛り付け、フライパンに残ったタレをかける。

┌ おすすめペアリング ┐

山梨 マスカット・ベーリーA
マンズワイン

ベリー系の華やかな香りとなめらかなタンニンは、
ブリの旨味と照り焼きの香ばしさと最高の相性。

鶏の唐揚げ

醤油で味付けした鶏肉に片栗粉をつけて揚げた、みんな大好きなレシピです。
中温以上の油でカラッと揚げるのがおいしさの秘訣です。
油の温度が下がりすぎないように、何回かに分けて揚げましょう。

材料(4人分)

鶏もも肉	2枚
卵	2個
小麦粉	大さじ4
片栗粉	大さじ4
ニンニク (おろす)	少々
しょうが (おろす)	少々
酒	大さじ1
醤油	大さじ1
塩	2つまみ
こしょう	少々
揚げ油	適量

POINT

● 時間があるときは、肉をもみ込んだ後1晩漬け込むとより味が染み込んでおいしく仕上がります。

● 衣を厚めにしたい場合は、❹でしっかり小麦粉をはたいてから揚げましょう。しっかり衣のついた唐揚げになります。

● 揚げ油に入れた直後は衣が剥がれやすいので、鶏肉に触らないようにしましょう。

❶ 鶏肉は一口大 (約7切れずつ) に切る。全てに皮がつくようにする。

❷ ❶の鶏肉にニンニクとしょうがを入れ、よくもみ込む。30分くらい置いておく。

❸ ビニール袋に酒、醤油、塩、こしょう、卵、小麦粉、片栗粉を入れて混ぜる。❷の鶏肉を入れてもみ、冷蔵庫で半日〜1晩置いておく。

❹ ❸の鶏肉に片栗粉 (分量外) を軽く付けてはたく。油を170度 (P.15参照) に熱しておく。

❺ ❹の鶏肉を油に1切れずつ入れ、中火で3〜4分揚げる。肉が浮いて、油の泡が小さくなったら油の温度を180度に上げてカラッと揚げる。

❻ カラッとしておいしそうな色が付いたらOK。唐揚げを盛り付け、好みの生野菜やレモン (いずれも分量外) を添える。

おすすめペアリング

酵母の泡 甲州

マンズワイン

カラッと揚がった唐揚げには、ギュッとレモンを搾ってシュワっと心地よいスパークリングを合わせて。

変わり揚げ出汁豆腐

プレーン、のり、大葉の3色がきれいな揚げ出汁豆腐です。
熱々のうちに味や食感の違いを楽しんでください。

材料(4人分)

木綿豆腐	2丁
焼きのり	1枚
大葉	4枚
大根	1/3本
なめこ	1/2袋

あさつき (小口切り)	4本
(なければ小ねぎ)	
小麦粉	適量
揚げ油	適量

●かけ出汁

出汁	1.5カップ (300㎖)
醤油	大さじ3
みりん	大さじ2

❺ 170度くらいの油でサッと揚げる。豆腐が浮き上がってきたら引き上げる。

❻ かけ出汁の材料を入れて中火にかける。大根をおろして、なめこを用意する。

❼ かけ出汁が沸いたら大根おろし、なめこを入れる。器に❺を盛り付けてかけ出汁をかけ、あさつきの小口切りを飾る。

❶ 木綿豆腐はペーパータオルで包んで重しを乗せ、20〜30分置いて水分を抜く。豆腐1丁につき8等分に切り、小麦粉を振っておく。

❷ まず、のりで巻いた揚げ出汁豆腐を作る。のりを1枚縦にして4等分し、豆腐に巻き付ける。小麦粉を水で溶き、巻き終わりを留める。

❸ 次に大きめの大葉の裏面に小麦粉を付け、小麦粉を付けた豆腐に巻き、くっつくまで少し置く。

❹ 最後に、豆腐全体に小麦粉をまんべんなく付けたプレーンなものを作る。これで3種類の揚げ出汁豆腐の下準備が完成。

─ おすすめペアリング ─

キャンブルスコ・レッド

都農ワイン

揚げた衣のサクサクした香ばしさと甘めの出汁を、キャンベル赤の優しいスパークリングで引き締めて。

POINT

❶では、下の図のように豆腐をペーパータオルで挟み、まな板の上に重しを乗せると均等に水分を抜くことができます。

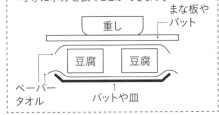

まな板やバット

重し

豆腐　豆腐

ペーパータオル

バットや皿

アジフライ

塩とこしょう、しょうがでしっかり下味を付けているので、
まずはソースなどをかけずにそのまま味わってみてください。
大根おろしやレモン、ポン酢でさっぱり食べるのもおすすめです。

⌐ おすすめペアリング ⌐

ソラリス
千曲川 ソーヴィニヨン・ブラン
マンズワイン

柑橘とハーブの華やかな香りに包まれるシャープな
ワインは、口内でレモンを搾ったような相乗効果が。

材料（1人分）

アジ	1匹	小麦粉	適量
塩	適量	パン粉	適量
こしょう	適量	揚げ油	適量
しょうがの絞り汁	1片分		

●バッター液（フライの衣）
卵 1個
水 100mℓ
小麦粉 60g

❻ 背開きの完成。皮全体に骨がないのを確認する。尻ビレ（腹側の、尾に近いヒレの部分）に骨が残りやすいのでよく取ること。

❼ アジに塩、こしょう、しょうがの絞り汁をかけて、冷蔵庫で休ませる。

❽ アジに小麦粉をまぶし、余計な粉をはらう。次にバッター液、パン粉の順に付ける。

❾ 油の温度を170〜180度に熱し、アジを揚げる。皮を下にして2分くらい、ひっくり返して2分くらいが目安。

❶ アジの下処理をする。尾の方から包丁を入れ、ぜいご（側面にあるとげのようなウロコ）を取る（P.24参照）。

❷ 次に胸ビレと腹ビレの後ろから包丁を入れ、頭を落とす。

❸ 切ったところから指で腸を出す。水で洗い、キッチンペーパーで水気を拭き取る。

❹ アジを背開きにする。背の方から包丁を入れ、腹側の皮が貫通しない程度まで包丁を進める。

❺ 上下を返して、中骨の下に包丁を差し込んで引く。

POINT

● ❹で腹ビレの跡に穴が開いても問題ありません。
● ❾でアジを揚げたら斜めに立てかけておきましょう。油切れがよくなります。

天ぷら

それぞれの食材に合わせた下処理がおいしく仕上げるコツ。
天つゆだけでなく、大根おろしとしょうがや塩、
レモンを添えて食べるのもおすすめです。

材料(4人分)

エビ (大きめ)	4本
イカ	1/2杯
なす	1本
さつまいも(1cm幅に切る)	小1本
生しいたけ	4枚
ししとう	8本
小麦粉	適量
大根おろし	5cm分
揚げ油	適量

●衣の材料

卵黄	2個分
冷水	2カップ
小麦粉	2カップ強

●天つゆ

出汁	1.5カップ (300㎖)
醤油	大さじ4
みりん	大さじ2

❺ 生しいたけは軸を外してかさに切り込みを入れ（P.22参照）、ししとうはまとめて竹串を刺す。さつまいもは切ったら水にさらす。

❻ ❸〜❺の材料全てに小麦粉を薄くまぶし、余分な粉を払う。ボウルに衣の材料を入れて混ぜる。ダマがあるくらいでよい。

❼ ❻の材料を衣に付けて、170度に熱した揚げ油で揚げる。火の通りが悪いさつまいもから揚げること。

❶ 鍋に天つゆの材料を合わせ、ひと煮立ちさせて冷ましておく。

❷ エビは尾を残して殻をむき、竹串などで背ワタを取る。腹側に切り込みを入れて手でまっすぐになるように伸ばす。

❸ エビの尾の先端を斜めに切る。イカは水洗いして内臓を取り、皮をむいて（P.27参照）食べやすい大きさに切る。

❹ なすはヘタを取って縦に4等分したあと、縦に細かく切り込みを入れる。

POINT

- エビの尾は先端に水を含んでいるので、切り込みを入れないと膨らんで破裂しやけどしやすくなります。ししとうも膨らむので、破裂しないよう串に刺しています。
- 揚げるときのポイントは、衣の固さ、油の温度と量の2つです。衣の割合は卵：水：粉が1：1：1強。手で触って状態を覚えましょう。最初は卵黄だけを使うと作りやすいです。
- 油の温度はP.15を参考に、基本は180度。鍋に具材をいっぱい入れて揚げると温度が下がってしまうので、6〜7分目の状態でこまめに揚げましょう。厚手の鍋を使うと温度が保ちやすいです。

〉 おすすめペアリング 〈

酵母の泡 甲州 ブリュット

マンズワイン

きめ細かいなめらかな泡立ちと酵母が作り出したドライな甲州の旨味は具材を選ばず何にでも合います。

アジの南蛮漬け

野菜の彩りが目にもおいしい一品です。
できたてもおいしいですが、少しなじませて
味が染みたころに食べるのがおすすめです。

材料（4人分）

アジ		4匹
長ねぎ		2本
玉ねぎ		1/2個
赤唐辛子（小口切り）		1本
揚げ油		適量
小麦粉		適量

●南蛮酢

出汁		大さじ4
酢		大さじ4
醤油		大さじ1.5
砂糖		大さじ1
塩		小さじ1/4

❺ 160度の油で軽く揚げ、油の中に入れたまま一度火を止める。

❻ 再び火をつけ、180〜200度でアジがおいしそうなきつね色になるまでカラッと揚げる。

❼ ❷の南蛮酢に揚げたてのアジを熱いうちに入れて味を染み込ませる。

❶ 玉ねぎは薄くスライスして油で炒める。長ねぎは4cmほどの長さに切り、弱火にかけた別のフライパンで焼きねぎにする。

❷ 鍋に南蛮酢の材料を入れて火にかける。沸騰したら焼きねぎ、玉ねぎ、赤唐辛子の小口切りを入れ、火を止める。

❸ アジは三枚おろし（P.25参照）にしてから、身を2〜3等分に切る。

❹ ❸のアジに小麦粉をまぶす。

POINT

アジを南蛮酢に揚げたての状態で入れることが1番のポイントです。熱いうちでも、冷めてもおいしく食べられる一品です。

肉じゃが

大人から子どもまで大好きな肉じゃがは、
和食の家庭料理として定番の一品です。
作り慣れてきたら、肉の種類や具材を変えてご家庭の味を見つけてみてください。

材料（4人分）

じゃがいも（男爵）	500g（3〜4個）
にんじん	1/2本
玉ねぎ	1/2個
牛肉（切り落とし）	200g
絹さや	8枚
水	900㎖
砂糖	大さじ3
みりん	60㎖
濃口醤油	45㎖
薄口醤油	30㎖
サラダ油	適量

❶ じゃがいもは皮をむいて、3〜4cm角の大きさに切り、水にさらす。にんじんは皮をむき、じゃがいもより小さめに切る。

❷ 玉ねぎはくし形に、牛肉は4cmくらいの幅に切る。絹さやは色が鮮やかになるくらいにゆで水にさらしておく。

❸ 鍋にサラダ油を入れて中火で熱し、牛肉を入れて白っぽくなったら、じゃがいも、にんじん、玉ねぎを加えてさらに炒める。

❹ 全体に油が回ったら、水を加えて落としぶたをする。アクが出たら取り除く。

❺ 竹串がすっと通るくらい材料に火が入ったら、砂糖、みりんを加え、そのまま中火で10分間煮る。

❻ 濃口醤油、薄口醤油を加えてさらに10分間煮る。絹さやは色を保つために最後に入れる。

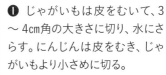
〈 おすすめペアリング 〉

ソラリス 千曲川 メルロー

マンズワイン

しっかりとしたタンニンと柔らかなバランスのよい酸味は、やや濃い目に仕上げた肉じゃがと相性抜群。

筑前煮

鶏肉と季節の野菜を油で炒め、砂糖、醤油で甘辛く照り出して仕上げます。
お弁当や、日々のおそうざいにも最適です。

材料（4人分）

- 鶏むね肉……1枚
- れんこん……小節2本
- さといも……小12個
- にんじん（乱切り）……1本
- たけのこ（乱切り）……1本
- ごぼう（乱切り）……1本
- こんにゃく（手で大きめにちぎる）……1枚
- 絹さや……10枚
- 炒め油……大さじ2
- 水……適量
- 酒……大さじ3
- 砂糖……大さじ3
- 醤油……大さじ4～5

❶ 鶏肉を大きめのぶつ切りにしてゆで、表面が白くなったら、冷水に入れて冷ます。

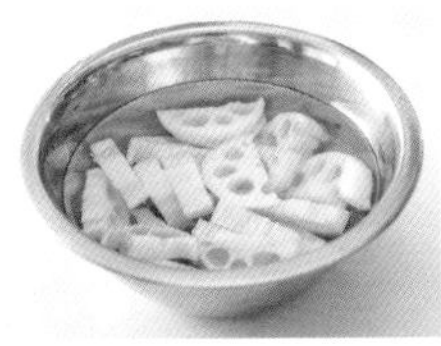

❷ れんこんは皮をむき、縦に2等分にしてから1～2㎝幅の半月切りにし、水にさらしておく。

❸ さといもはヘタと反対側を切り落とし、皮をむいて面取りする。お湯で2～3分ゆで、ぬめりが出てきたらお湯を捨てて水で洗う。

❹ 切ったにんじん、たけのこ、ごぼう、こんにゃくを鍋に入れ、たっぷりの水で3～4分ゆでる。ザルに移して水気を切る。

❺ 鍋に炒め油を熱し、❷～❹の材料を加えてざっと炒める。❶の鶏肉を入れ、ひたひたになる量の水を入れる。

❻ 酒、砂糖を入れて落としぶたをして煮汁が1/4くらいになるまで煮込む。

❼ 醤油を半分入れて鍋底から混ぜる。さといもに色が付いたら残りの醤油を入れて鍋底から混ぜ、照りを出す。

❽ 材料を混ぜながら煮汁がなくなるまで煮詰める。さっとゆでた絹さやを最後に加える。

おすすめペアリング

酵母の泡 ルージュ

マンズワイン

フルーティーで香り豊かなベーリーAの赤のスパークリングワインは、筑前煮を華やかに彩る1本。

サバのみそ煮

脂ののったサバをみそ煮にして、
生臭さを消しておいしくいただく素朴な煮物です。

材料(4人分)

		●みそ煮の調味料	
サバ	1尾	桜みそ (赤みそでも可)	150g
しょうが (皮をむいて薄切り)	1片分	酒	大さじ2
長ねぎ (3cm幅に切る)	1本	水	大さじ3
水	1カップ	砂糖	大さじ3〜4
酒	1/2カップ		

❺ ❹の鍋にしょうがを薄切り2枚残して全て入れる。さらに2〜3分煮込んだら、❸のみそを入れて中火でゆっくり煮る。

❻ 残ったしょうが2枚をできる限り薄く細く千切り(針しょうが)にする。切ったら水にさらし、きれいな水になるまで水を変える。

❼ 長ねぎは弱火にかけたフライパンで転がしながら焼きねぎにする。

❽ ❺の煮汁が減ってとろっとしたら焼きねぎを加える。皿にサバとねぎを盛り、みそをかけ、❻の針しょうがを飾る。

❶ サバは頭と腸を取り、水洗いしてから三枚おろしにして4等分にする。1切れずつ皮の表面に十字に切り込みを入れる。

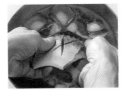

❷ 霜降りをする。お湯を沸かし、沸騰直前くらいになったら火を止めて❶のサバを入れる。身が白くなったら冷水で洗い、水気を拭く。

❸ ボウルにみそ煮の調味料を入れ、ダマが残らないようにしっかり混ぜる。

❹ 鍋に水、酒を入れて火にかけ、沸騰したら❷のサバを入れる。

POINT

● ❶では火の通りを一定にするために切り込みを入れます。
● ❷の霜降りは沸騰したお湯の中に入れると皮がはげたり身が反ったりするので、温度を少し低くしたお湯で行いましょう。

タイの煮付け

ていねいな下処理がおいしさにつながる、味わい深い一品です。
タイの風味が染み込んだ豆腐としいたけも絶品です。

材料（4人分）

		●煮汁	
タイ (切り身)	4切れ	酒	1/2カップ (100㎖)
干ししいたけ	4枚	水	1.5カップ (300㎖)
絹豆腐	1/2丁	みりん	1/2カップ
しょうが (薄切り)	1片分	砂糖	大さじ3
		醤油	1/2カップ

❺ 沸いたら、みりんと砂糖、醤油の順に加え、落としぶたをして煮る。煮汁が落としぶたに当たるくらいの火加減でOK。

❶ 干ししいたけは水で戻し (P.29参照)、いしづきを切り落とす。

❻ タイの身が全体的に白っぽくなったら、干ししいたけと豆腐を入れる。

❷ 豆腐は1/2丁を8等分に切る。

❼ 7分くらい煮たら落としぶたを取る。煮汁を魚にかけて照りを出しながら火を通す。器に盛り付け、残りのしょうがを針しょうが (P.59手順❻参照) にして飾る。

❸ タイを霜降りにし (P.59手順❷参照)、ウロコや血合いをていねいに取ってよく水気を拭く。

❹ 鍋に煮汁の酒と水、しょうが半分、タイを入れてひと煮立ちさせる。

おすすめペアリング

Muscat Bailey A Unwooded honobe vineyard
シャトー酒折ワイナリー

キャンディのような香りと優しい酸は、醤油ベースの繊細な魚の煮付けにピッタリ寄り添う抜群の相性。

タイのアラ煮

安くて旨味が詰まった魚のアラはぜひ煮付けに。
しっかり下処理をして臭みを取り、おいしくいただきましょう。

材料(4人分)

タイのアラ	1パック	
ごぼう	1本	
木の芽 (あれば)	20枚	
しょうが (薄切り)	4〜5枚	

●煮汁

酒	150㎖
水	50㎖
みりん	80㎖
砂糖	大さじ2
濃口醤油	50㎖
たまり醤油	10㎖

❺ ❹のごぼうの上にタイを置く。外側にカマや腹骨などを並べ、中央に煮くずれしにくい頭を置くとよい。

❶ お湯を沸かす。皮のめくれを防ぐため、水を少し入れて90度くらいにし、アラを入れる。さいばしでゆっくりと混ぜ、白っぽくなったら取り出す。

❻ ❺に煮汁の酒と水、薄切りにしたしょうがを入れて火にかける。沸騰したら落としぶたをして強火で5分煮る。

❷ ❶を冷水に入れてよく洗い、ウロコや血のかたまりを取る。洗ったら水気を拭き取る。

❼ アクを取り、みりん、砂糖、濃口醤油、たまり醤油を回し入れ、再び落としぶたをして火を弱め、煮汁が半分くらいになるまで煮る。

❸ ごぼうはよく洗い、4㎝幅の細切りにする。水にさらしてアクを抜く。

❽ 落としぶたを取って火加減を強め、煮汁をすくいかけていく。煮汁に少しとろみがつき、タイに照りが出たら完成。

❹ 材料がきちんと並ぶ大きさの鍋にごぼうを敷き詰めるように入れる。

╲ おすすめペアリング ╱

ピノ・グリ
奥尻ワイナリー

特徴的な塩味を微かに感じるやや辛口のワイン。余韻に広がる蜜っぽさがアラ煮と調和を生みます。

POINT
- 霜降りをすることでウロコや血合いが固まり、取りやすくなります。
- 器に盛り付ける際に木の芽を飾ると、ワンランク上の一皿になりますよ。

豚の角煮

柔らかくとろけるような肉料理です。
しっかり味の染みたお肉はごはんにもお酒にも相性抜群。
脂肪分もていねいに取り除くので、しつこさもなく食べられます。

材料(4人分)

豚バラ肉(塊)	300g
醤油	大さじ1
酒	1/4カップ
水	ひたひたになる量
しょうが(薄切り)	1片

●煮汁

砂糖	大さじ4
醤油	大さじ4
塩	小さじ1/2
油	適量

❺ 蒸した豚肉を冷まし、固まった脂をていねいに取り除く。

❶ 豚肉に醤油大さじ1をかけてなじませる。厚ければ半分に切る。

❻ 脂を取り除いたら砂糖大さじ2、醤油大さじ2、塩を加え、蒸し器に戻して10分くらい蒸し、味を染み込ませる。

❷ 熱した油で表面にサッと焼き色を付ける。

❼ ❻の容器に残った蒸し汁を小鍋に入れて火にかける。残りの砂糖、醤油各大さじ2を加えて煮詰めたら、豚肉を入れてからませる。

❸ 油抜きをする。鍋に水を入れて火にかけ、沸騰したら❷の肉を入れて15秒くらいゆで、サッと引き上げる。

❹ 耐熱容器に❸と酒、ひたひたになる量の水、しょうがの薄切りを入れ、蒸し器にセットして2～3時間蒸す。

POINT

● ほうれん草を付け合わせにすると彩りよくきれいです。4人分なら、1/2束を色がきれいに出る程度にサッとゆでるとちょうどよい量になります。水気を十分に切って4～5cm幅に切ります。鍋に出汁1カップを沸かして、塩小さじ1/4、醤油小さじ2を入れ、煮立ったらほうれん草を入れて味を染み込ませます。

● 練りがらしを添えるときは、洋がらしは酢で、和がらしは番茶で溶いて作ると、より辛味が出ます。試してみてください。

おすすめペアリング

山梨 マスカット・ベーリーA

マンズワイン

豚の脂の柔らかな甘味とベーリーAの優しい酸が相乗効果を生み、口の中で角煮ととろけ合います。

茶碗蒸し

日本料理の代表的な一品です。
舌触りも味も格別で、いつでもどなたにも喜ばれるお料理です。

材料(4人分)

					●吸地	
卵	2個	ぎんなん (ゆでたもの)	8個		出汁	2カップ
鶏ささみ (薄くそぎ切り)	1本	三つ葉	8本		塩	小さじ1/2
醤油	少々	●下煮用の材料 (八方出汁)			薄口醤油	小さじ1/2
エビ	4本	出汁	ひたひたになる量		みりん	小さじ1/2
かまぼこ	1/3本	砂糖	少々			
干ししいたけ (小)	4枚	薄口醤油	少々			

 ❺ 干ししいたけは水で戻していしづきを切り落とす。下煮用の材料と一緒に小鍋に入れ、1分ほど火にかける。

 ❶ 卵はボウルで溶きほぐす。

 ❻ 茶碗にささみ、ぎんなん、かまぼこを入れる。

 ❷ 鍋に吸地の材料を入れて熱し、塩が溶けたら冷ます。❶の卵と混ぜ、ザルや茶こしで漉しておく。

 ❼ 茶碗に❷を流し込み、蒸し器に入れて強火で1〜2分、弱火で8分蒸す。三つ葉は葉を外し、3〜4cm幅に切っておく。

 ❸ 鶏ささみは醤油少々を回しかけ、軽く混ぜて下味を付ける。

 ❽ ❼の表面に❹のエビ、❺の干ししいたけ、三つ葉をのせる。火を強め、蒸気が出たら弱火にして3分蒸す。好みで木の芽や柚子を吸口にする。

 ❹ エビは尾を残して皮をむき、竹串で背ワタを取る。かまぼこは薄いいちょう切りにしておく。

POINT

茶碗蒸しは、以下の①〜⑩の中から材料を何種類か選んで組み合わせるとよいでしょう。

①白身魚 (タイ、ヒラメ、カレイなど)　⑥きのこ類 (しいたけ、小ぶりのしめじ、松茸)
②肉類 (鶏肉、鴨肉)　⑦栗、ぎんなん、ゆり根
③エビ　⑧生麩
④貝 (貝柱、はまぐり、青柳 (バカ貝))　⑨三つ葉、春菊、ほうれん草
⑤練り製品 (かまぼこ、なると)　⑩吸口 (柚子、木の芽)

おでん（関東炊き）

１番大衆的な鍋物といえばおでんでしょう。
具材の選び方とおでん出汁でおいしさが決まります。
好みでいろいろな食材を入れて、相性を試してみてください。

材料（4人分）

大根（2〜3cm幅の輪切り）‥‥‥1/4本	ちくわ（斜めに半分にする）‥‥‥1本	出汁‥‥‥‥‥‥‥‥‥‥6カップ
さといも‥‥‥‥‥‥‥‥4個	さつま揚げ‥‥‥‥‥‥‥4枚	塩‥‥‥‥‥‥‥‥小さじ2〜3
焼き豆腐‥‥‥‥‥‥‥‥1丁	ごぼう巻き‥‥‥‥‥‥‥4個	醤油‥‥‥‥‥‥‥‥‥大さじ3
こんにゃく‥‥‥‥‥‥‥1丁	つみれ‥‥‥‥‥‥‥‥‥4個	みりん‥‥‥‥‥‥‥‥大さじ3
結び昆布‥‥‥‥‥‥‥‥適量	がんもどき‥‥‥‥‥‥‥4個	酒、砂糖‥‥‥‥‥‥‥各少々
牛すじ‥‥‥‥‥‥‥‥‥4本	はんぺん（一口大に切る）‥‥‥1枚	

❺ ❹の出汁2〜3カップを別の土鍋に入れ、味の染み込みにくい大根、さといも、こんにゃく、焼き豆腐、結び昆布、牛すじを入れて弱火で煮込む。

❻ 食べる10分くらい前に残りの❹の出汁を加え、はんぺん以外の残りの具材を入れてひと煮立ちさせる。

❼ 最後にはんぺんを入れてさっと煮る。

❶ 大根は皮をむいて面取りをし、片方の面に十字に浅く忍び包丁を入れる。水か米の研ぎ汁でゆで、半透明になってきたら冷水に入れる。

❷ さといもはヘタと反対側を切り落とし、皮をむいて面取りする。お湯で2〜3分ゆで、ぬめりが出てきたらお湯を捨てて水で洗う。

❸ 結び昆布、焼き豆腐は食べやすい大きさに切る。こんにゃくは手で一口大にちぎる。

❹ 土鍋に出汁を入れ、塩、醤油、みりん、酒、砂糖を合わせて沸かす。

╭─ おすすめペアリング ─╮

山梨 甲州

マンズワイン

繊細な出汁でていねいに煮込んだおでんには、キリッとした酸と繊細な後味が生かされます。

POINT

● こんにゃくは手でちぎると味が染み込みやすくなります。
● ❷のさといもの下処理では、お湯に入れて2〜3分火を通すとぬめりが出てくるので、お湯を捨てて水でさといもを洗い、ぬめりを取ります。ちなみに、いも類のゆで方は「さといも湯から、じゃがいも水から」と言われています。
● 盛り付けたら好みで練りがらし（分量外）を添えて食べましょう。

松茸の土瓶蒸し

秋の香りの松茸を使った代表的なごちそうです。
土瓶で仕立て、吸い物代わりにいただきましょう。

材料(4人分)

松茸 (中)	1本	エビ	4本	●吸地	
鶏ささみ	2本	ぎんなん	8個	出汁	800㎖
醤油	少々	塩 (ぎんなん処理用)	適量	塩	小さじ2
酒	少々	水	ひたひたになる量	薄口醤油	小さじ1/2
白身魚(タイ、ヒラメ、カレイなど)	100g	三つ葉	8本		
塩	少々	すだち	2個		

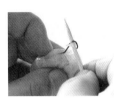

❺ エビは水洗いしてから皮をむき、背ワタを取る。三つ葉は葉を外し、3〜4㎝幅に切っておく。

❻ ぎんなんは殻を割って中身を取り出す。鍋にぎんなんがひたひたになる量のお湯を沸かし、塩を加える。

❼ ❻のぎんなんをお湯に入れ、網じゃくしで表面をなでるように混ぜながら薄皮をむく。1〜2分ゆでたら冷水に移す。

❽ 土瓶にささみ、白身魚、エビ、ぎんなん、松茸を入れ、❶を注いで火にかける。煮立ったら浮いた泡を取り、三つ葉をのせ、すだちを添える。

❶ 鍋に吸地の材料を入れて火にかけ、沸いたら火を止めてそのまま冷ます。

❷ 松茸はいしづきを切り落とし、土やほこりを流水で洗い、水気をよく拭いて薄切りにする。

❸ ささみは薄くそぎ切りにする。臭み抜きと下味つけのため、全体に醤油、酒を回しかける。

❹ 白身魚はそぎ切りにし、塩を振ってしばらく置いたら、霜降りする(P.59手順❷参照)。

おすすめペアリング

京都丹波ピノ・ノワール
丹波ワイン

チェリーなどの赤系果実の香りとほのかに感じる出汁感が、松茸の旨味を最大限に引き上げます。

POINT

松茸は虫食いになっていることが多いので、買うときはまず茎の部分をつまみ、硬いものを選びましょう。また、見た目は黒みがかったもの、表面はしっとりしたものを選ぶようにしましょう。

主役に添えたい飾り切り

P.22でかんたんな飾り切りを紹介しましたが、飾り切りはたくさんの手法があり、
食材1つとってもさまざまな切り方があって奥深いです。できるようになると食卓が華やかになりますよ！

わさび台

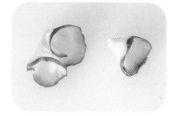

お刺身に添えて、わさびやしょうが
を入れるのに使います。

松

タイの姿造りなどのお刺身に添え
ると、さらに見栄えがよくなります。

切り違い

料理を選ばず、いろいろなところ
で登場する飾り切りです。

じゃばら

酢の物に使うことが多いです。
見た目も華やかで味もよく染み込
みます。

結びかまぼこ

「縁を結ぶ」という縁起のよい意味
を持ち、お正月料理に使われます。

手綱かまぼこ

見た目が華やかなことから、お正
月料理やお重に使われます。

菊大根

菊の花に見立てる切り方で、ふろふ
き大根などにすることが多いです。

花うど

菖蒲の花に見立てたもので、いろ
いろな料理のあしらいに使われます。

よりうど・よりにんじん

お刺身や汁物など、いろいろな料
理のあしらいで登場します。

Part 3

覚えておきたい絶品レシピ

Part3では、主菜から副菜、汁物まで、レパートリーの広がるレシピをジャンルごとに紹介します。おもてなしにぴったりの目にも楽しいごちそうや、少しレベルの高い料理も掲載。慣れてきたら、力試しに作ってみましょう。

いなり寿司

材料（8個分）

米	1合
油揚げ	4枚
ガリ	適量

●すし酢

米酢	大さじ2
砂糖	大さじ1/2
塩	小さじ1/3

●A

出汁	1カップ
砂糖	大さじ2
みりん	大さじ2
醤油	大さじ2

作り方

❶米は同量の水で少し硬めに炊き上げ、ぬらした寿司桶（飯台）に移す。

❷すし酢の材料を合わせ、ごはん全体にかける。しゃもじで切るように混ぜ、うちわであおいで人肌に冷まし、濡れ布巾をかけておく。

❸油揚げの上で麺棒やさいばしを転がし、後で開きやすくする。半分に切ったら熱湯で1〜2分ゆで、油抜きをする。手で挟んで水気を切る。

❹鍋にAを順に入れ、❸の油揚げを加えて落としぶたをする。

❺煮立ったら弱火にして煮汁が少し残るくらいまで煮る。火を止めてそのまま冷まし、味を染み込ませる。

❻❺の油揚げが冷めたら軽く手で挟んで煮汁を切る。❷の酢めしを8等分にして、軽く丸めながら油揚げに詰める。

❼酢めしを油揚げの上から押さえて形を整える。器に盛り、ガリを添える。

＜ おすすめペアリング ＞

ついでに

ホーライサンワイナリー

いなり寿司は、心が躍るベーリーAのスッキリとしたロゼと合わせることで最高のごちそうに。

POINT

●すし酢の酢は、米酢がなければ普通の酢（穀物酢）でも代用可能です。

●酢めしを詰めた後は、口を折って閉じるか、写真のように油揚げを切って酢めしを見せ、ごまを振ってもきれいです。

ちらし寿司

材料（4人分）

干ししいたけ（水で戻す）	8枚
かんぴょう	30g
れんこん	1/2個
エビ	4尾
穴子（市販の蒲焼。1〜2cm幅に切る）	1本
卵	2個
砂糖（錦糸玉子用）	少々
塩（錦糸玉子用）	少々
絹さや	15枚
木の芽	適量

●酢めし

米	3合
昆布	3cm
米酢	70㎖
砂糖	大さじ3
塩	小さじ2

●A（しいたけの煮汁）

しいたけの戻し汁	1カップ
みりん	大さじ1.5
砂糖	大さじ3
醤油	40㎖

●B（かんぴょうの煮汁）

出汁	400㎖
砂糖	大さじ1.5
みりん	大さじ2
濃口醤油	大さじ3

●C（酢蓮の甘酢）

酢	大さじ3
出汁	大さじ2
砂糖	大さじ1
塩	小さじ1/3

作り方

❶ 干ししいたけは水で戻し（P.29参照）、軸を切り落とす。Aと一緒にかさの部分を鍋に入れて中火にかけ、落としぶたをして煮汁がなくなるまで煮る。容器に移して冷まし、半分をそぎ切りに、もう半分をみじん切りにする。

❷ かんぴょうは塩もみしてゆで、Bと合わせて煮る。冷めたらみじん切りにする。

❸ 鍋にCの材料を入れ、弱火にかける。煮立ったら火を止める。
れんこんの皮をむき、縦に4等分にして薄いいちょう切りにし、すぐに鍋に入れる。
鍋を再び火にかけ、弱火でさっと煮る。容器に移して冷ましておく。

❹ エビは背ワタを取り、身が丸まらないように、頭のつけ根から尾の先までまっすぐ竹串を刺し、
熱湯で3分間ゆでる。水に入れて冷ましたら、竹串を抜く。殻をむいて一口大に切る。

❺ 卵は溶きほぐして砂糖・塩を入れて薄く焼き、千切りにして錦糸玉子を作る。
絹さやは色が鮮やかになるくらいにゆで、水にさらしておく。
穴子は食べやすい大きさに切っておく。

❻ 米は洗って浸水させたあとザルに上げ、鍋に水・昆布を加えて炊き上げる（P.19参照）。

❼ 酢めしの酢、砂糖、塩を合わせて火にかけ、よく溶かす。

❽ 炊き上がったごはんは昆布を抜いて、ぬらした寿司桶（飯台）に移す。❼を全体にかけて、よく混ぜながらうちわであおいでつやを出す。少しぬくもりのあるうちにぬれ布巾をかけて自然に冷ましておく。

❾ ❷のかんぴょうと❶のみじん切りにしたしいたけを❽のごはんに混ぜる。
そぎ切りにした❶のしいたけと❺の錦糸玉子を全体にのせ、エビ、穴子、れんこんの順に配置を決め、残りの材料をのせる。

┌ おすすめペアリング ┐

酵母の泡 甲州

マンズワイン

多彩な食材を楽しむちらし寿司は、調和をもたらす
やや辛口の甲州スパークリングでグッと引き締めて。

タイめし

材料 (4人分)

米	6合
タイ	中サイズ1尾
塩	適量
あさつき (小口切り)	1束

●炊き汁

出汁	1L
塩	小さじ2/3
醤油	大さじ1

作り方

❶ タイの頭を左、尾を右にしてまな板に置き、包丁やウロコ引きで、尾から頭に向かってウロコを取る。ウロコは固いので何度か繰り返し念入りに取ること。

❷ タイのエラを外す。頭を右にして置き、エラの裏に包丁の先を差し込み、エラとあごのつなぎ目を切り離して、エラを引っ張り出す。

❸ タイを裏返して、❷と同様に包丁で切り込みを入れ、エラと内臓を引っ張り出す。タイを流水で洗って水気を拭き、盛り付けるときに表面とする方に5mm幅に切り込みを入れる。塩を振って10分くらい置いたら魚焼きグリルで焼く。焼き色が付いて、目が白くなるまで火を通す。

❹ 米は4〜5回洗って水気を切り、土鍋に入れて炊き汁の材料を加えて混ぜる。ふたをして、沸騰するまで強火で10分、ふたの縁から泡が出てきたら火を弱めて3分、最後はとろ火にして2分加熱する。炊けたら火を止めてタイをのせてふたを閉め、10分間蒸らす。

❺ 食べる際はふたを取り、タイの身をほぐしてあさつきを散らす。

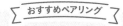 おすすめペアリング

SAYSFARM ロゼ

SAYSFARM

メルローとカベルネ・ソーヴィニヨンで造られたふくよかなロゼが、タイめしの甘味とマッチします。

POINT

炊きあがったら、食べる前に必ず蒸らしましょう。水分が全体に行き渡り、おいしくなります。

タイ茶漬け

材料(2人分)

タイ (切り身)	適量	ごはん (温かいもの)	2膳分
当たりごま	大さじ3	煎茶	たっぷり
(練りごまペーストでも可)		大葉 (千切り)	2枚
醤油	大さじ3	刻みのり	1/4枚分
		わさび	少々

作り方

❶ タイは刺身のようにやや薄く切る。タイの刺身の切れ端でもOK。煎茶を淹れる。

❷ 当たりごまと醤油を混ぜ、タイの刺身を和える。

❸ 茶碗に盛った温かいごはんの上に❷のタイをのせ、熱い煎茶をかける。大葉と刻みのりをのせ、ふたをして、タイを少し蒸らしたら完成。

❹ 好みでわさびを加える。

> おすすめペアリング

アルガブランカ
クラレーザ

勝沼醸造

食事の最後にサラサラといただくタイ茶漬けに、サラサラと進む甲州が心地よく寄り添います。

サケ茶漬け

材料(2人分)

塩サケ (切り身)	100g	ほうじ茶 (濃い目)	適量
ごはん (温かいもの)	2膳分	大葉 (千切り)	2枚
煎りごま	大さじ1	刻みのり	1/4〜1/2枚分
		わさび	少々

作り方

❶ 塩サケをフライパンやグリルで焼く。骨と皮を外して身をほぐす。ほうじ茶を淹れる。

❷ 茶碗に温かいごはんを入れ、ほぐした塩サケ、煎りごまをのせる。

❸ 熱いほうじ茶をかけ、大葉と刻みのりをのせる。塩サケの味が薄い場合は醤油 (分量外) を加える。

❹ 好みでわさびを加える。

POINT

お茶漬けには、必ず温かいごはんを使いましょう。お茶碗もレンジなどで温めておくとよりおいしくいただけます。

> おすすめペアリング

北海道ケルナー

北海道ワイン

サケのほどよい塩味とほうじ茶の旨味をケルナーの豊かな酸がキリッと引き締め、心地よいのど越しに。

Menu

できたら嬉しい
魚料理

 カレイの姿揚げ(P.81)

 〆サバ(P.82)

 タイの昆布〆(P.83)

カレイの姿揚げ

材料(4人分)

カレイ ―――― 4尾分 (1尾200g)
小麦粉 ――――――――― 適量
揚げ油 ――――――――― 適量
レモン ――――――――― 1個
大根おろし ――――――― 適量
七味 (お好みで) ―――― 適量

● 天つゆの材料

出汁	300mℓ
濃口醤油	30mℓ
薄口醤油	30mℓ
みりん	60mℓ
カツオ節	5g

作り方

❶ 天つゆを作る。出汁、醤油、みりんを合わせて沸かし、カツオ節を入れたら火を止め、漉す。

❷ カレイは包丁やウロコ引きでウロコを取る。白い面を表に、腹を手前にしてまな板に置き、エラの下に切れ目を入れる。切れ目を開くように持って内臓を引っ張り出し、カレイの身を流水でよく洗って水気を拭き取る。

❸ カレイを五枚おろしにする。背骨の真上に包丁を入れ、そのまま尾に向けて切れ目を入れる。包丁を骨に沿って外側へ滑らせ、身と骨を切り離す。左右同様に行い、裏返して同様におろす (POINT参照)。

❹ おろしたカレイの身をそれぞれ2つに切り、全体に小麦粉をまぶして2〜3分置く。

❺ 油を170度に熱し、カレイの身、中骨の順に揚げる。

❻ 器に中骨を置き、その上に身をのせて飾り、天つゆ、大根おろし、レモンを添える。好みに応じて七味をかけてもよい。

おすすめペアリング

ソーヴィニヨンブラン

Vinoble Vineyard & Winery

華やかなハーブや柑橘の香りがカラッと揚がったカレイに華を添え、シャープな酸が深い余韻に導きます。

POINT

五枚おろしでも、三枚おろし (P.25参照) と同じ要領で骨に沿って包丁を入れ、身を切り離します。エラの後ろに切れ目を入れた後、背骨に沿って切れ目を入れ、左右の身をおろしていきましょう。4枚の身と1枚の骨で五枚おろしになります。

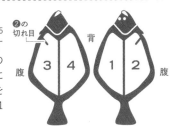

〆サバ

材料(4人分)

サバ	1尾
塩	適量
酢	適量
大葉	4枚
大根	5cm
うど	5cm
花穂(あれば)	4本
からし	適量

作り方

❶ サバは三枚おろしにして腹骨をすきとる(P.25〜26参照)。

❷ 魚の身が隠れるくらいたっぷりと塩を振り、3時間くらい置く(強塩と言う)。

❸ 大根を千切りにしてツマを作る。

❹ ❷のサバを流水で洗い、軽く水分を拭き取る。バットなどの容器に皮を上にして入れ、サバがひたひたになる量の酢を注いで漬ける。

❺ 2時間ほど経ったら取り出して、水気を拭き取る。

❻ 皮を頭の方から手でむく。皮目を上にし、腹側を手前にしてまな板に置いて、6mm幅くらいの間隔で切っていく。

❼ 器にサバ、大葉、大根を盛り付ける。あれば花穂や飾り切りしたうどを飾って、からしを添える。

‹ おすすめペアリング ›

h3 Caribou
ヒトミワイナリー

無ろ過のデラウェアの果実感を感じる柔らかな微発泡のワインが、サバの酸味とおいしく調和します。

POINT

❺で刺身を切り分けるとき、3mm幅で切り込みを入れ、次の3mm幅で切ると、写真のような八重造りという切り方になります。皮の付いた刺身を切るときの方法で、食感がよくなり食べやすくなります。
ぜひチャレンジしてみましょう。

タイの昆布〆

材料(4人分)

タイ	1/2尾分 (さくでも可)
塩	少々
昆布 (10cm×15cmの大きさ)	2枚
大葉	4枚
大根 (千切り)	5cm

●甘酢

水	1カップ
酢	1カップ
砂糖	90g
塩	少々

作り方

❶タイは血合いに沿って包丁を入れ、背と腹に切り分ける。

❷皮があればむき、皮のあった方を上にして3mm幅くらいのそぎ切りにする。バットの上に1枚ずつていねいに並べ、薄く塩を振って15分くらい置く。

❸昆布の表面を布巾で拭いて汚れを落とす。

❹甘酢の材料を合わせて、昆布を2枚とも漬ける。

❺昆布が柔らかくなったらまず1枚取って両面の水分を軽く拭き取り、別のバットに敷く。

❻❷のタイの身を洗わずそのまま昆布の上に並べる。

❼もう1枚の昆布も両面の水分を軽く拭き取り、タイの上にのせ、タイを昆布で挟んだ状態にする。空気が入らないように全体をラップでくるみ、冷蔵庫で半日くらい置く。

❽食べるときは昆布を外して、大葉、大根と一緒に盛り付ける。❹で残った甘酢を少し添える。

〉おすすめペアリング 〈

グランポレール 余市ケルナー

サッポロビール

しっかりとした酸がシンプルな素材の旨味を際立たせ、青りんごのような華やかな香りが彩ります。

POINT

昆布〆とは、食材を昆布で挟んで置く料理のこと。食材に昆布の旨みが移るだけでなく、魚の水分が昆布に吸収されて弾力が生まれ、少し日持ちがよくなる効果もあります。

サンマの塩焼き

材料(1人前)

サンマ	1尾
塩	適量
大根おろし	適量
醤油	少々
すだち	1/2個

作り方

❶サンマは腹のあたりにウロコがあるので、包丁の先で取る。

❷流水でサンマを洗い、キッチンペーパーなどで水気を拭き取る。

❸魚焼きグリルを温め、サンマの両面に塩を振る。

❹魚焼きグリルで中火で5〜6分焼き、裏返してさらに5分ほど焼く。

❺器に盛り付け、中央に大根おろしを盛り、すだちを添える。好みで醤油をかける。

おすすめペアリング

たこシャン
カタシモワイナリー

爽やかなデラウェアのスパークリングと脂の乗った
サンマ、大根おろしの組み合わせがクセになります。

POINT

通常の焼き方もよいですが、たまには写真
のような珍しい焼き方にもチャレンジしてみ
ましょう。❶の後でサンマの目の部分を取
り外し、尾を通して写真のように円形にし
ます。魚焼きグリルを温めている間にサン
マの上下に塩を振り、通常通り焼いていき
ます。同じサンマの塩焼きでも、料亭のよう
な見映えする一皿になりますよ。

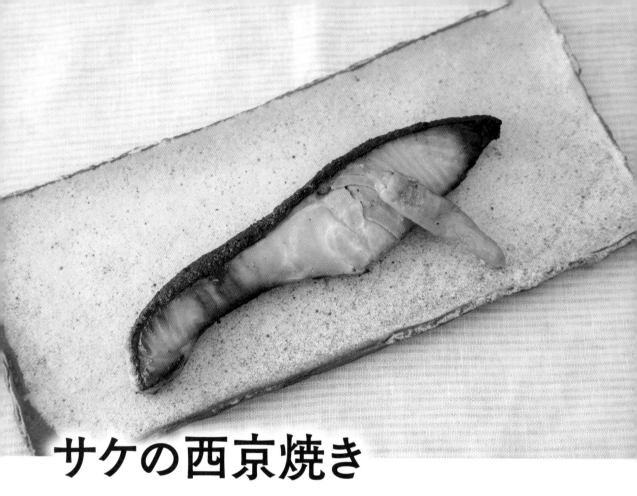

サケの西京焼き

材料(1人前)

サケ	1切れ(100g)
塩	適量
西京みそ	50g
みりん	大さじ1
ししとう (あれば)	1本
ガーゼ (もしくはキッチンペーパー)	2枚

作り方

❶ サケはほんの少し塩を振って身を締める。

❷ 西京みそにみりんを入れてよく混ぜ合わせ、タッパーなどの容器に半分入れて広げる。ガーゼを敷き、その上にサケを並べ、再びガーゼをかぶせて残りのみそで覆う。半日から1日程度、冷蔵庫に置いておく。

❸ ❷のサケを取り出し、表面についたみそを拭き取って、盛り付けるときに表になる方から魚焼きグリルやフライパンで中火で焼く。

❹ 身の厚みの半分くらいが白くなっておいしそうな焼き色が付いたらひっくり返し、ししとうを加えて焼き色を付ける。盛り付けるときに裏になる方は多少焦げてもOKなので、ゆっくり火を通す。焦げやすいのであまり強火にはしないよう気をつけること。

〈 おすすめペアリング 〉

ソラリス
千曲川 信濃リースリング
マンズワイン

サケを用いた西京焼きの甘めのみそに、香り高くコクのあるワインの余韻が後味に深みを生み出します。

POINT

- 必ず、塩鮭ではなく生鮭で作りましょう。
- 粒のあるみそなら、ガーゼやキッチンペーパーなしで直接漬け込んでください。
- ❸で焼く際に、みそが残っていると焦げ付きやすいので注意しましょう。
- 西京みそは繰り返し使えますが、水気が出てきたら捨てましょう。

サワラの幽庵焼き（柚庵焼）

材料（1人前）

サワラ（切り身）………	1切れ（100g）
みりん………………	大さじ1
醤油…………………	大さじ1
酒……………………	大さじ1
柚子の輪切り（あれば）……	1/2個

作り方

❶ みりん、醤油、酒を合わせ、好みで柚子の輪切りを入れて漬け汁を作り、サワラを1時間ほど漬け込む。

❷ ❶のサワラの水分を切って焼く。西京焼き（P.86手順❸参照）同様、盛り付けるときに表になる方から焼いていく。身の厚みの半分くらいが白くなっておいしそうな焼き色が付いたらひっくり返す。焦げやすいので、注意しながら弱火でじっくり火を通すこと。

❸ 好みで酢蓮（P.23参照）を添える。

╭─ おすすめペアリング ─╮

ミュゼドゥヴァン松本平 ブラッククイーン

アルプス

柑橘が香るジューシーな幽庵焼きは、スパイシーなブラッククイーンと合わせてさらに余韻を楽しんで。

POINT

大津の茶人、幽庵（祐庵）が魚を持ち帰るときに新鮮さを保つために漬けたと言われている汁を幽庵汁と言います。最近は、この漬け汁に柚子の輪切りを入れるので柚庵焼とも言います。

米なすの亀甲焼き
きっこう

材料(4人前)

米なす	2個
水	1カップ
醤油	大さじ2
みりん	大さじ1
油	少々
木の芽	適量

●みそそぼろの材料

鶏ひき肉	50g
赤みそ	100g
砂糖	大さじ3
酒	大さじ1
水	大さじ1

作り方

❶米なすはヘタ付きのまま縦に半分に切る。

❷皮まで切らないように気をつけながら、身の断面に亀甲状に切れ目を入れ、油を塗る。

❸鍋に水、醤油、みりんを入れて煮立たせる。

❹コンロに網をのせ、弱火でなすを焼く。❸の出汁をスプーンでなすの切れ目にかけながら、なすが柔らかくなるまで焼き上げる。

❺みそそぼろを作る。鍋に赤みそと砂糖、酒、水を入れて火にかけ、ふつふつしてきたら一度火を止める。ひき肉を加えて再び火にかけ、箸4〜5本で混ぜながら煮る。煮詰まりすぎて焦げないように気をつけること。

❻焼きあがった米なすをお皿に盛り付けたら、みそそぼろをたっぷりかけ、木の芽をのせる。

~おすすめペアリング~

かみのやまメルロー
サントネージュワイン

とろっと焼いたなすの香ばしい香りとみその甘さに絡まるワインのしなやかなタンニンが後を引きます。

POINT
❺のみそそぼろは、かたまりがなくなってきたら一度なすにかけてみて、流れ落ちない程度の固さに仕上げましょう。

浜焼きの塩釜風

材料(2人前)

アマダイ (切り身) … 2切れ (200g)	
車エビ	2尾
はまぐり	2個
栗の甘露煮	2個
ぎんなん (市販の塩煎りのもの)	4個
塩	適量
塩水 … 水1カップ+塩小さじ1	
檜葉 (あれば)	適量

作り方

❶器に塩を敷き詰め、その上にアルミホイルを置く。

❷はまぐりは塩水に漬け、暗いところに1時間以上置いて砂抜きをする。貝同士をこすり合わせて流水で洗う。

❸アマダイの切り身に塩を振り、車エビは丸ごと流水でよく洗う。アマダイと車エビを魚焼きグリルやフライパンで火が通るまで焼く。

❹はまぐりの貝殻の上下をつないでいる蝶番を包丁で切り落とし、塩をまぶして魚焼きグリルか網で焼く。強火で火を通し、殻の間から泡が出てきたら火を止める。

❺❶の器に檜葉を敷き、❸と❹の材料を盛り付ける。

❻栗の甘露煮とぎんなんを、❺に飾り付ける。

┌ おすすめペアリング ┐

ソレイユ・ルバン
甲州シュール・リー

月山ワイン山ぶどう研究所

寒冷地らしいキリリとした酸が特徴の甲州が、シンプルな塩味の魚のおいしさを最大限に引き上げます。

┌─────────────────┐
POINT

はまぐりは❸で蝶番を切り落としておくと、焼いたときに口が開かないので、出汁がこぼれにくくなります。
└─────────────────┘

Menu

ほっとする味
煮もの

かぼちゃの煮付け

材料(4人分)

かぼちゃ	1/2個	砂糖	大さじ3
木の芽 (あれば)	4枚	薄口醤油	大さじ2
水	ひたひたになる量	酒	大さじ1

作り方

❶ かぼちゃを12等分になるように大体の大きさを揃えて切る。包丁やスプーンで種を取り除く。

❷ かぼちゃの皮を、一切れあたり1/2ほど残すように薄めにむく。

❸ かぼちゃを重ねずに並べられる大きさの鍋に、皮をむいた方を上にしてかぼちゃを並べる。ひたひたになる量の水を入れて、落としぶたをして火にかける。

❹ 沸騰したら中火にして、煮汁が半分になり、かぼちゃに竹串がすっと通るくらいになったら砂糖と酒を入れて再び5分煮る。最後に薄口醤油を回し入れてひと煮立ちさせる。火を止めてそのまま冷まし、味を染み込ませる。好みで木の芽を飾る。

〉 おすすめペアリング 〈

**マイスターセレクション
ブラッククィーン**

朝日町ワイン

ホクホクしたかぼちゃの煮付けの甘辛さに、黒系の果実の凝縮感とタンニンが溶け合い調和します。

なすの含め煮

材料(2人分)

なす	3本	●煮汁	
おろししょうが	1片	┌ 出汁	1カップ
		│ 酒	大さじ1.5
		│ みりん	大さじ1.5
		└ 醤油	大さじ1.5

作り方

❶ なすはヘタを落として縦半分に切る。皮に斜め4mm間隔の切れ目を入れ、水に浸しておく。

❷ 鍋に煮汁を入れて煮立て、水気を切った❶のなすを加える。落としぶたをして中火で15分ぐらい煮る。

❸ 火を止め、冷ましながら味を染み込ませる。冷めたら器に盛って、好みでおろししょうがをのせる。

〉 おすすめペアリング 〈

**奥出雲ワイン
カベルネ・ソーヴィニヨン ロゼ
2021**

奥出雲葡萄園

フレッシュな果実の香りが口に広がるドライなロゼが、野菜が持つ素材そのものの甘味に寄り添います。

ふろふき大根

材料(4人分)

大根 (4～5cm幅に輪切り)	4個
昆布	1切れ
柚子	1個
水	ひたひたになる量
米ぬか	少々

●柚子みそ

白みそ	大さじ2
砂糖	大さじ2
酒	大さじ2
水	大さじ2

作り方

❶ 大根は輪切りの断面を十字に切って、食べやすい大きさにする。柚子は皮をむき、白い部分をそぐ。皮を飾り用に少し刻み、残りはすりおろす。

❷ ❶の大根を鍋に入れ、水と米ぬかを入れて中火にかけ、大根が半透明になるまでゆでたら水に入れる。

❸ 別の鍋にたっぷりの水と昆布を入れ強火にかける。沸いたら弱火にして❷の大根を加え、柔らかくなるまで静かに煮る。大根に竹串を刺してみて、すっと通ったらOK。

❹ 柚子みそを作る。小鍋に白みそ、砂糖、酒、水、すりおろした柚子の皮を加えて弱火にかけ、よく練り上げる。大根にかけ、刻んだ柚子皮を上に飾る。

〉おすすめペアリング〈

山梨 甲州
マンズワイン

たっぷりの出汁で柔らかく煮込んだ大根の素朴な味わいを、甲州独特の心地よい苦味が包み込みます。

POINT

❷で大根を下ゆでする際、米のぬか少々が入ったぬか水、または米の研ぎ汁を使うことで、大根のアク抜きをすることができます。

カツオの角煮

材料 (4人分)

カツオ (切り身、刺身など)	**350g**
塩	**適量**
木の芽 (好みで)	**適量**
●煮汁	
醤油	1/2カップ
酒	1/2カップ
みりん	大さじ2
砂糖	大さじ1
しょうが (薄切り)	1片

作り方

❶ カツオは一口大に切る。塩を全体的に振り、20分くらい置く。

❷ ❶のカツオを霜降りにする (P.59手順❷参照)。

❸ フライパンに煮汁の材料を合わせ、❷のカツオを入れて中火で煮る。

❹ 沸騰してきたら落としぶたをする。2〜3分煮たら、火を止めて一度冷まし、味を染み込ませる。

❺ ❹を再び火にかけて沸かし、煮汁を煮詰めて照りを出す。器に盛り付け、好みで木の芽を飾る。

◁ おすすめペアリング ▷

深雪花 (赤)
岩の原葡萄園

しょうがをきかせて甘辛く煮たカツオと、膨らみのあるまろやかなベーリー Aとの相乗効果を楽しんで。

冬瓜の
エビそぼろあんかけ

とうがん

材料（2人分）

冬瓜	500g
木の芽	適量
おろししょうが	適量

●煮汁

出汁	2カップ
塩	小さじ1/3
薄口醤油	小さじ1/2
みりん	少々

●エビそぼろあん

エビ	80g
出汁	2カップ
塩	ひとつまみ
薄口醤油	少々
くず粉	大さじ1
水	大さじ1

作り方

❶冬瓜は種を取って4cm角ぐらいに切り、皮を少し厚めにむく。
味がよく染みるよう、表面に斜め格子状に浅く切り込みを入れる。

❷鍋に熱湯を沸かし、❶の冬瓜を入れてゆでる。竹串がスッと通るくらい柔らかくなったらザルに上げる。

❸煮汁の材料を合わせて火にかけ、沸いたら❷の冬瓜を入れて煮る。

❹エビそぼろあんを作る。エビは頭、殻、背ワタを取って、包丁で細かく刻む。

❺出汁、塩、薄口醤油を合わせて火にかけ、沸いたらエビを加える。煮立ったらアクを取り、水で溶いたくず粉でとろみを付ける。

❻冬瓜を器に盛り付けたらエビそぼろあんをかけ、好みで木の芽やおろししょうがを上に盛る。

┌ おすすめペアリング ┐

千曲川 ブラン

マンズワイン

とろとろなエビのあんが絡む冬瓜の優しい味わいを、
豊かな酸のシャルドネのふくよかな余韻で包んで。

POINT

くず粉がない場合は、同量の片栗粉で
代用可能です。

和風一口カツ

材料 (4人分)

豚ヒレ肉	200 g
塩	適量
こしょう	適量
大根 (おろしておく)	1/4本
わけぎ (小口切り)	2本
小麦粉	適量
溶き卵	適量
生パン粉	適量
揚げ油	適量
●酢出汁	
┌ 出汁	2カップ
醤油	大さじ5 〜 6
みりん	大さじ2
砂糖	小さじ1
└ 酢	小さじ2

作り方

❶ 鍋に酢出汁の材料を入れて火にかけ、沸いたら冷ましておく。

❷ 豚ヒレ肉は1 〜 2cmの厚さに切って塩とこしょうを振る。

❸ ❷の豚ヒレ肉を小麦粉、溶き卵、生パン粉の順につけ、170度に熱した油で揚げる。油の泡が小さくなり、カツがカリッとして写真のようなきつね色になったら引き上げる。

❹ 皿に好みでキャベツやトマトなどの生野菜、❸のカツを盛り付ける。別の小皿に❶の酢出汁を入れ、お好みで大根おろしとわけぎを添える。

┤ おすすめペアリング ├

酵母の泡 ロゼ

マンズワイン

花束のようなきらめきを持つベーリーAのロゼの泡が、カツのジューシーな味わいに華を添えます。

サバの野菜あんかけ

材料(2人分)

サバ	1尾
塩	少々

●A

長ねぎ (千切り)	40g
にんじん (千切り)	40g
白菜 (千切り)	40g
パプリカ (千切り)	40g
いんげん (千切り)	40g
しいたけ (千切り)	1枚

片栗粉	適量
油	適量
揚げ油	適量

●あんの材料

出汁	100mℓ
みりん	20mℓ
濃口醤油	20mℓ
酢	20mℓ
砂糖	大さじ1
水溶き片栗粉	大さじ1

作り方

❶ サバは三枚おろし(P.25参照)にし、腹骨を取って、軽く塩を振って10分くらい置いておく。

❷ サバから出た水気を拭き取り、皮のない面に3cm幅の切り込みを入れる。片栗粉をまぶして160度の油で揚げる。油の泡が細かくなってきたら、温度を上げて180度でカラッとするまで揚げる。

❸ フライパンに油を熱し、千切りにしたAの野菜を中火でよく炒める。水溶き片栗粉以外のあんの材料を加えて混ぜ合わせ、最後に水溶き片栗粉を加えてとろみをつける。

❹ 器にサバを盛り付け、❸のあんをたっぷりとかける。

おすすめペアリング

TOMOÉシャルドネ新月

広島三次ワイナリー

野菜たっぷりの甘酸っぱいあんかけに、樽熟成のなめらかな酸とバニラのニュアンスが際立ちます。

エビの揚げしんじょ

材料(4人分)

エビ	300 〜 400 g
玉ねぎ	1/2個
小麦粉	少々
生身（なまみ）	50g
塩	少々
旨味調味料	少々
ししとう	8本
揚げ油	適量

●卵の素

卵黄	大さじ1
油	大さじ1

●天つゆ

出汁	3/4カップ
醤油	大さじ3
みりん	大さじ3

作り方

❶ エビは薄い塩水（分量外）でよく洗い、ザルに移して水気を切る。殻と背ワタを取り、まな板にのせ、包丁の裏でたたいて身を潰す（フードプロセッサーを使ってもよい）。

❷ 玉ねぎはみじん切りにし、冷水にさっと浸す。布巾やペーパータオルで絞り、小麦粉をまぶす。

❸ 天つゆの材料を合わせて沸かし、冷ましておく。ししとうに竹串を刺して穴をあける。

❹ しんじょをふわふわにする卵の素を作る。卵黄に、同量の油を少しずつ加えながら泡立て器でかき混ぜ、分離しないようしっかり乳化させる。

❺ ❶のエビに生身、卵の素を入れて混ぜたら、❷の玉ねぎを合わせて塩と旨味調味料で味付けする。一口大に丸めて170度の油で揚げる。浮いて2 〜 3分してから、最後に強火にする。ただし、焦げないように気を付けること。しんじょを揚げたら、ししとうを素揚げして盛り付ける。

POINT

「生身」という白身魚のすり身を一緒に混ぜると、しっかりとふわふわした、本格的でおいしいしんじょになります。

╭ おすすめペアリング ╮

ソラリス
千曲川 シャルドネ 樽仕込

マンズワイン

ふんわりさっくり楽しめる揚げしんじょに、シャープな酸と繊細な樽と蜜のニュアンスが最高のお供に。

ほうれん草のごま和え

材料(4人分)

ほうれん草	2束
八方出汁	適量
●ごま醤油	
白ごま	大さじ4
出汁	45㎖
みりん	15㎖
醤油	10㎖

作り方

❶ほうれん草はよく洗って、たっぷりの熱湯に塩を少々（分量外）加えた鍋の中に根元の方から入れて1分ほどゆでる。流水の中にさらしてアクを抜いたら、水気を切る。太い茎の部分を切り落とし、八方出汁（P.17参照）に漬け込み、下味を付ける。

❷ごま醤油を作る。フライパンで白ごまをふっくらときつね色になるまで煎ってからすり鉢でよくすり、出汁、みりん、醤油で味をととのえる。

❸ほうれん草の汁気を切り、2〜3cmの長さに切って❷に加え、よく和えて盛り付ける。

〉おすすめペアリング〈

農民ロッソ

ココ・ファーム・ワイナリー

赤品種を多数ブレンドしたワインの心地よいタンニンは、ほうれん草のえぐみやごまの風味と抜群に合う。

変わりきんぴら

材料 (4人分)

ごぼう	1/2本
豚肉 (薄切り)	80g
にんじん (千切り)	4cm
しいたけ (千切り)	2枚
たけのこ (千切り)	80g
絹さや (千切り)	5枚
サラダ油	大さじ1
みりん	大さじ2
醤油	大さじ3〜4
砂糖	小さじ1
七味唐辛子 (お好みで)	適量

作り方

❶ごぼうは粗めの長いささがきにし、水に十分さらしてアクを抜く。

❷薄切りの豚肉は繊維に沿って千切りにする。
絹さやも千切りにし、ゆでて水にさらす。

❸鍋に油を引いて火にかけ、豚肉、ごぼう、千切りにしたにんじん、しいたけ、たけのこを入れて手早く炒める。

❹❸の鍋にみりん、醤油を入れ、強火で汁がなくなるまで炒める。最後に砂糖を入れてざっと混ぜ合わせる。

❺小鉢に盛り付け、上に❷の絹さやを飾る。好みで七味唐辛子を振りかける。

おすすめペアリング

東京ワイン 高尾

東京ワイナリー

東京生まれの「高尾」種で造られたチャーミングな
辛口ワインが、素材の味わいに寄り添います。

春菊・しめじ・菊の花のお浸し

材料(4人分)

春菊	2/3束
水	適量
塩	小さじ1
菊の花	1/3パック
酢	小さじ1
しめじ	1/3パック
八方出汁	3カップ
煎りごま (白／お好みで)	適量

作り方

❶ 春菊は葉を摘んで茎を取り除き、葉だけを水に入れてシャキッとさせる。

❷ 鍋に熱湯を沸かし、塩と春菊を入れる。2分くらいゆでたら水に入れ、まとめてよく絞る。

❸ 菊は花びらだけを外して使う。酢を入れた熱湯で花びらを2分ほどゆでる。

❹ しめじは根元を落としたら、半分くらいの長さに切っておく。

❺ 小鍋に八方出汁 (P.17参照) を注ぎ、しめじを入れて火にかける。沸いたら火を弱めて3分くらい煮る。火を止めてそのまま冷ます。

❻ ❺に❷の春菊と❸の菊の花を30分くらい漬け込み、味が染みたら盛り付ける。残った出汁も少し注ぎ、好みでごまを振る。

╭─ おすすめペアリング ─╮

ソーヴィニヨン・ブラン
リュードヴァン

華やかなブーケのような芳香のワインには、春菊や菊の花の和ハーブのニュアンスを合わせて。

POINT
❻で残った出汁と一緒にポン酢を少し入れてもおいしいです。

カニとキュウリの鳴門巻き

材料(4人分)

カニ缶	1缶
キュウリ	3本
薄い塩水 (なめて少ししょっぱい程度)	
	適量
うど	5cm
●黄身酢	
┌ 卵黄	2個
酢	大さじ3
水	大さじ2
塩	小さじ1/4
薄口醤油	2〜3滴
砂糖	大さじ1
└ 水溶き片栗粉	小さじ1〜2

作り方

❶ カニ缶の身をほぐしておく。キュウリは小口切りよりも薄く切り、塩水にしばらく漬ける。柔らかくなったら水気を切る。

❷ 巻きすにラップを敷き、その上にキュウリを広げ、真ん中にカニを置いて太巻き寿司 (P.39参照) のように巻き上げる。よく絞って水気を切る。

❸ ❷を冷蔵庫に1時間くらい置いて休ませ、形を整え、ラップごと3cmくらいの幅に切る。

❹ 黄身酢を作る。水溶き片栗粉、卵黄以外の黄身酢の材料を小鍋に入れて弱火にかける。沸いてきたら水溶き片栗粉でゆるくとろみをつける。

❺ ❹を火から外し、卵黄を入れてよく混ぜる。

❻ うどは、花うど、松葉うどなどに飾り切りする (P.72参照)。

❼ ラップを外した鳴門巻きを器に盛り付け、黄身酢をかける。手前にうどを飾る。

> おすすめペアリング

おたるナイヤガラ
北海道ワイン

カニの身とキュウリの食感が楽しい鳴門巻きは、フルーティーでやや甘口のワインでより華やかに。

たたきごぼう

材料(4人分)

ごぼう	4本
八方出汁	400cc
●ごま酢	
┌ 白ごま	大さじ3
砂糖	大さじ1
酢	30mℓ
└ 薄口醤油	10mℓ

作り方

❶ ごぼうは洗って、まず縦半分に切る。太い部分は割りばしくらいの太さに揃えたら4cmの長さに切って水にさらす。水は2〜3回替える。

❷ 熱湯に酢(分量外)を少量加えて沸かし、❶のごぼうを3〜4分ゆでる。しばらく流水にさらし、冷めたら水気を切る。

❸ ごぼうを八方出汁 (P.17参照)で2〜3分煮たらザルに取り出し、うちわであおいで冷ます。八方出汁が冷めたら、再びごぼうを戻して味を染み込ませる。

❹ ごま酢を作る。白ごまはフライパンで弱火でゆっくりと煎り、ふっくらと膨らんできつね色になり始めたらすり鉢に移す。半分ほどつぶれるくらいにすったら、砂糖、酢、薄口醤油を入れて味をととのえる。

❺ ごぼうの汁気を切り、味がよく染みるように、すりこぎ棒で軽くたたいて細かなひびを入れる。ごま酢のすり鉢に入れて和える。

⊱ おすすめペアリング ⊰

山ぶどうワイン
岩手くずまきワイン

野性味ある山ブドウをやや甘に仕上げたワインは、
ごぼうとごまの香ばしい味わいに深みを与えます。

マグロとわけぎのぬた

材料(4人分)

マグロ (切れはしなど)	150 g	●ぬた	
わけぎ	2本	┌ 西京みそ (白みそ)	
生わかめ	2本	│	2/3カップ
うど (あれば)	適量	│ 砂糖	みその半量
		│ 酒	大さじ3
		│ みりん	大さじ3
		│ 酢	大さじ1.5
		└ からし	大さじ1.5

作り方

❶ マグロは大きければ小さく切る。わけぎは4〜5cmの長さに切り、縦4等分にしてゆで、柔らかくなったらよく絞ってぬめりを取り除く。生わかめは一口大に切る。

❷ 西京みそに砂糖、酒、みりんを入れて練り混ぜ、小鍋に移して火にかけながらさらに練る。からしを入れて混ぜたら、酢を加えてとろっと流れる程度までさらに混ぜる。

❸ ❶の具を盛り付け、❷のぬたをかける。うどを切って添える。

┌ おすすめペアリング ┐

北海道100 キャンベルアーリー
はこだてわいん

ベリーの香りと果実味溢れるやや甘めの飲み心地は、甘いぬたのみそ味によくからみ広がります。

さつまいもの蜜煮

材料(4人分)

さつまいも	500 g	水	たっぷり
クチナシの実 (砕く)	2個	●シロップ	
レモン (スライス)	1個分	┌ 水	2カップ
ブランデー	大さじ1	└ 砂糖	150 g

作り方

❶ さつまいもは皮付きのまま5〜7mmくらいの厚さの輪切りにし、水にさらす。濁らなくなるまで水を何度か取り替える。クチナシはお茶や出汁用のパックに入れる。

❷ 鍋にたっぷりの水、さつまいも、クチナシを入れて火にかける。沸いたら中火以下に弱め、10分くらい煮る。さつまいもに竹串を刺してみて、スッと通ったらクチナシを捨て、さつまいもを水にさらす。

❸ 鍋にシロップの材料を入れて沸かし、1分くらい煮る。❷のさつまいもとレモンを入れ、ひと煮立ちしたらブランデーを入れてさっと煮込み、火を止めて味を染み込ませる。

┌ おすすめペアリング ┐

タケダワイナリー ルージュ樽熟成
タケダワイナリー

さつまいもとシロップの優しい甘さ、レモンの穏やかな酸と樽熟のベリーAの芳香が調和を生みます。

野菜の白和え

材料(4人分)

干ししいたけ	3枚
しめじ	1パック
春菊(葉のみ)	1/2束
にんじん(千切り)	3cm
こんにゃく(短冊切り)	1/3丁
絹さや(ゆでる)	4枚

●下煮用

出汁	1カップ
砂糖	小さじ2
醤油	小さじ1
塩	小さじ1/4

●和え衣

木綿豆腐	1/2丁
白ごまペースト	大さじ3
砂糖	大さじ1.5
マヨネーズ	大さじ1
酢	大さじ1
塩	小さじ1/4
薄口醤油	少々

作り方

❶ 干ししいたけは戻して千切りにし、しめじはいしづきを取ってよくほぐす。春菊は葉だけを1/2くらいの長さに切っておく。

❷ 絹さやは筋を取ってサッとゆでる。豆腐は手で形を崩しながら熱湯の中に入れ、ザルに上げて水気を切っておく。

❸ 鍋に下煮用の調味料とにんじん、こんにゃく、❶のしいたけとしめじ、春菊を入れ、中火で4〜5分煮る。火を止めて味を染み込ませる。

❹ フードプロセッサーやミキサーに和え衣の材料を入れ、形がなくなるくらいしっかり混ぜてとろとろの状態にする。

❺ 食べる直前に❸をザルに移して水気を切り、ボウルに❸の材料と❹の和え衣を入れて和え、最後に絹さやを千切りにしてあしらう。

おすすめペアリング

鴇ポートランド

ワイナリーこのはな

ポートランドの軽やかな香りと穏やかな酸は、野菜のおそうざいにしっかり寄り添います。

POINT

フードプロセッサーやミキサーがなければ、❹ではすり鉢に和え衣の材料を入れてよくすり、目の細かい布巾などで漉しましょう。

かきたま汁

材料(4人分)

卵	1個
三つ葉(2〜3cm幅に切る)	5〜6本
焼きのり	1/4枚
出汁	4カップ
塩	小さじ1
水溶き片栗粉	適量

作り方

❶出汁を中火にかけ、沸いたら塩で味をととのえる。水溶き片栗粉でとろみを付ける。

❷卵を溶きほぐして、❶の鍋へ細く糸を引くように静かに回し入れる。

❸ひと煮立ちしたら三つ葉を入れ、火を止める。

❹お椀に盛り、切った焼きのりを添える。

おすすめペアリング

早摘みデラウェア
島根ワイナリー

早摘みの豊かな酸のフルーティーなデラウェアは、野菜の甘さと出汁の旨味を増幅させる組み合わせに。

けんちん汁

材料(4人分)

こんにゃく(短冊切り)	1/2丁	長ねぎ	1/3cm
木綿豆腐	1/2丁	出汁	4カップ
ごぼう(ささがき)	60g	醤油	大さじ1.5
にんじん(短冊切り)	30g	塩	少々
干ししいたけ(戻して4つに切る)	2〜3枚	油	大さじ2
		七味唐辛子	少々

作り方

❶こんにゃくは熱湯で30秒ゆで、ザルに上げておく。

❷鍋に油を引いて熱し、豆腐を手でくずしながら入れる。長ねぎ以外の野菜とこんにゃくを加えて中火で炒める。

❸出汁、薄口醤油、塩を入れ、ひと煮立ちしたら弱火で20分ほどゆっくり煮込む。

❹長ねぎを薄く小口切りにして加える。

❺ひと煮立ちしたら器に盛り、七味唐辛子を振る。

おすすめペアリング

NAC竜眼
井筒ワイン

ゴロッと入った野菜の優しい旨味を、竜眼の青りんごのような爽やかな香りと豊かな酸で引き締めて。

イワシのつみれ汁

材料 (2人分)

イワシ	8尾
卵黄	1個分
塩	少量
しょうがの絞り汁	少量
出汁昆布	少量
大根 (千六本切り／ P.20参照)	4cm
出汁	3カップ
赤みそ (信州みそ)	60g
青ねぎ (小口切り)	2本

作り方

❶ イワシはウロコを取って頭を切り落とし、内臓を取って水洗いし、三枚におろす。腹骨をすき取って皮をむき (P.26参照)、身だけを刻む。

❷ ❶をすり鉢に入れてよくすり、卵黄、塩、しょうがの絞り汁を加えて再びする。

❸ 鍋にたっぷりのお湯を沸かし、出汁昆布を入れて煮立てる。利き手と逆の手で❷のすり身を軽くつかみ、親指と人差し指で輪を作ってひねり出し、利き手に持ったスプーンで取り湯の中に落としていく。3〜4分ゆでる。

❹ 大根は塩少々 (分量外) を入れた熱湯でゆで、冷水に入れてから水気を切る。

❺ 鍋に出汁を入れて火にかけ、赤みそを溶き入れる。沸騰直前に❸のイワシと❹の大根を加える。アクが浮いてきたら取り除き、器に盛り付けて青ねぎをのせる。

︻ おすすめペアリング ︼

五月長根リースリング・リオン白
エーデルワイン

イワシのつみれのあたたかい汁に、ほどよい酸味と果実感がマッチし、ホッと癒される組み合わせです。

欧州系品種栽培の闘いと海外への挑戦!

日本の多湿な気候では欧州系品種のブドウを栽培するのは難しいと言われてきましたが、各ワイナリーが長年にわたり改良を重ね、素晴らしいワインを生み出してきました。その苦労と試行錯誤の歴史を一部ご紹介します。

マンズワインの欧州系品種への挑戦と「ソラリス」誕生

日本を代表するプレミアム日本ワイン「ソラリス」シリーズを生み出したマンズワインの欧州系品種への取り組みは、ソラリスの初代醸造責任者でもある松本信彦氏(現:常任顧問)がフランスのボルドーから帰国した1978年以降さらに本格的になりました。1980年には昼夜の寒暖差が大きく日当たりのよい山梨県万力山の標高約700mの斜面の「万寿農場」でカベルネ・ソーヴィニヨンの栽培をスタート。晩熟の品種ゆえに秋に雨の多い日本では、完熟まで待つことが非常に困難な中、徹底した栽培管理を行い、1984年から4ヴィンテージのみ発売された「万寿農場カベルネ・ソーヴィニヨン」は「幻のカベルネ」と呼ばれ、日本で造った本格的なカベルネ・ソーヴィニヨンの先駆けとなりました。その後欧州系品種の栽培を長野に移し、垣根全体にビニールシートで覆いをかけて雨がブドウに直接当たるのを防ぐ「マンズ・レインカット栽培法」を開発。安定的に高品質なブドウの栽培が可能となりました。1988年の大規模雹害によるブドウ棚の倒壊を機に欧州系品種を主流とする方針に切り替え、2001年に「ソラリス」シリーズが誕生。コンスタントに技術者を海外留学に送り出し、さらに技術力に磨きをかけ、「ソラリス」は現在に至るまで日本を代表するワインとして国内外から高い評価を受け続けています。

五一わいんとシャトー・メルシャンの桔梗ヶ原(ききょうがはら)メルロにかけた夢

1890年(明治23年)、豊島理喜治氏により長野県塩尻にて初めてブドウ栽培が始まりました。1911年、林農園(五一わいん)の創業者である林五一氏が桔梗ヶ原にてブドウ栽培を開始し、その8年後にワイン醸造を始めました。その頃の塩尻は甘味葡萄酒用に栽培していた生食用のコンコードやナイヤガラが主体でしたが、この地に適した欧州品種を見極めるために実験的に複数のブドウを植え始め、1952年に五一氏と三男の幹雄氏は山形県よりメルロの枝を持ち帰り本格的に栽培を進めました。当時メルシャン勝沼工場(現:シャトー・メルシャン)の工場長であった浅井昭吾氏は、今後の日本でも欧州系のブドウ品種を栽培し、世界に認められるようなワインを造らないと発展はないという想いを抱きます。幹雄氏にブドウ品種を相談し、「メルロしかないよ」という言葉を信じ、コンコードからメルロにシフトチェンジを決断します。凍害対策にワラを巻いたり、凍害に強い品種の台木に高い位置で接ぎ木をしたりと創意工夫を重ね、1989年に開催された「リュブリアーナ国際ワインコンクール」にて、「シャトー・メルシャン信州桔梗ヶ原メルロー1985」が大金賞を受賞し、さらに翌年「1986」も、2年連続で大金賞を受賞。桔梗ヶ原のメルロは日本を代表するワイン醸造用ブドウとなりました。

日本中で購入できるキャメルファームワイナリーの世界品質のピノ・ノワール

2021年、国際ワインコンテスト「Decanter World Wine Awards2021」に出品された「ピノ・ノワール プライベートリザーブ 2019」が、日本のピノ・ノワールでは初めて、国際的なコンクールでゴールドメダルを獲得しました。日本では栽培が難しいとされるピノ・ノワールを、世界に認められるワインに造りあげたのがキャメルファームワイナリーです。設立は2014年。ワイン用ブドウの栽培の名人である藤本毅氏から畑と技術を受け継ぎ、世界的醸造家であるリカルド・コタレッラ氏からノウハウを学ぶことから始まりました。よいワイン造りには日々の観察と分析、そして収穫のタイミングを見極める判断が大切です。科学的知見と経験に基づく絶好のタイミングで収穫されたブドウを伝統技術と最新の設備で醸造できる体制が整っているのです。そして、飲み手にとってありがたいことに、世界的に評価の高いこのピノ・ノワールは日本全国に流通しています。いつでも手軽に買えるという理想的な日本ワイン文化を実現したことこそが、キャメルファームワイナリーの最大の功績と言えるでしょう。

日本ワイン特有のワイン文化

一升瓶ワインとカップワイン

日本では日本酒文化が定着していることから、日本ワインの古くからの産地では一升瓶に入ったワインをお茶碗で飲むという独特のワイン文化があります。また、駅の売店などではカップに入ったワインも売られ、駅弁と合わせて行楽のお供に親しまれています。

一升瓶ワイン「五一わいん エコノミー」

カップワイン「五一わいん カップワイン」

一緒にマスターしたい洋食・中華

おうちごはんの定番である、大人も子どもも大好きな洋食や
ひと工夫で本格的な味になる中華のレシピを紹介します。

Menu

- オムライス
- ビーフステーキ
- ポテトサラダ
- スパゲティナポリタン
- ビーフストロガノフ

- ハンバーグ
- チキンカレー
- エビチリ
- 麻婆豆腐
- 回鍋肉

- 青椒肉絲
- 棒々鶏
- 酢豚

オムライス

おすすめペアリング

柏原ヴィンヤード遅摘み赤
朝日町ワイン

遅摘みのベーリーAの濃密な果実感とスパイシーさは、ケチャップがからまる卵料理に最高の一本。

材料(1人分)

玉ねぎ (みじん切り)	60g
バター	15g
ピーマン (みじん切り)	1/2個
ロースハム (粗みじん切り)	2枚
ごはん	180g
トマトケチャップ	大さじ4
塩	適量
こしょう	適量
●薄焼き玉子	
卵	2個
牛乳	大さじ1
片栗粉	小さじ1
塩	1つまみ
バター	大さじ1
トマトケチャップ	大さじ1
パセリ	適量

作り方

❶ フライパンにバターを大さじ3入れ、中火で玉ねぎをきつね色になるまで炒め、甘味を出す。ピーマン、ロースハムを加えて中火で炒める。

❷ ごはんを加え、木ベラでほぐすように混ぜ、トマトケチャップを入れて全体にからませる。塩とこしょうで味をととのえ、フライパンを大きく返しながら強火で手早く炒める。

❸ ごはんがパラパラになり、全体がよく混ざったらボウルに移す。

❹ ボウルに卵2個を割り入れ、牛乳、片栗粉、塩を入れてよく混ぜる。

❺ フライパンにバターを入れ、中火よりやや強めの火で焦がさないように溶かす。

❻ ❹の卵液を一気に流し込み、フライパンを揺すりながらさいばしで勢いよくかき混ぜる。

❼ 卵の底の方が薄く固まり、表面の方が半熟になったタイミングで火からおろす。

❽ ❸のごはんを薄焼き玉子の中央にまとめるようにして置く。左右から玉子を折り曲げて包み、フライパンの奥に寄せて器に流し入れる。トマトケチャップ大さじ1をかけ、パセリを添える。

ビーフステーキ

材料(2人分)

牛肉 (サーロイン)	400 g
しめじ (手でほぐす)	50 g
しいたけ (半分に切る)	3枚
クレソン	1/2束
バター	10 g
オリーブオイル	適量
塩	適量
こしょう	適量
黒こしょう	少々
粒マスタード	お好みで

作り方

❶牛肉は冷えていたら室温に戻して、両面に塩、こしょうを振る。

❷フライパンにオリーブオイルを引いて中火で温め、牛肉を入れて1分間焼く。その間牛肉に触らないこと。

❸牛肉を裏返して1分間焼いたら、もう一度裏返して最初の面を再度1分焼く。

❹火からおろして、牛肉をアルミホイルで密閉するように包む。4分以上休ませる。

❺牛肉を焼いたフライパンの油を拭き、バターを入れて強火にかける。

❻バターが溶けたらしめじとしいたけを炒め、黒こしょうをかける。

❼❹のアルミホイルの中の肉汁を❻のフライパンに移し、しめじとしいたけにからめる。

❽❹の牛肉を食べやすく切って皿に盛り付ける。❼のしめじとしいたけ、クレソンを飾り、粒マスタードを添える。

> おすすめペアリング

ソラリス
千曲川 カベルネ・ソーヴィニヨン

マンズワイン

成熟したブドウと樽由来の芳醇な香りと力強くもエレガントなタンニンが、牛肉の旨味を際立たせます。

ポテトサラダ

◁ おすすめペアリング ▷

**ルバイヤート甲州
シュール・リー**

丸藤葡萄酒工業

甲州に合う料理と聞かれたら必ず
答える一品。ホクホクのじゃがいも
が甲州の味わいでごちそうに。

材料(作りやすい分量)

じゃがいも(一口大)	
	450 g(約3個分)
にんじん(縦に4等分)	1/3本
玉ねぎ	1/3個
ゆで卵(半分に切る)	1/2個
キュウリ(2mm幅の小口切り)	
	小1本
ハム(1.5cm角)	3枚
マヨネーズ	大さじ6
レモン汁	小さじ1
塩	少々
こしょう	少々

●A(オーロラソース)

マヨネーズ	大さじ2
ケチャップ	大さじ2

●B(塩水)

水	500ml
塩	大さじ1

作り方

❶鍋にたっぷりの水とじゃがいも、にんじんを入れ、ふたをして中火にかける。煮立ったら少しふたをずらす。そのまま竹串がすっと通るようになるまでゆでる。

❷玉ねぎは繊維に沿って薄切りにし、冷水に1〜2分漬けたら、2〜3回もんで水気をしっかり絞る。Aのマヨネーズとケチャップを混ぜてオーロラソースを作る。

❸キュウリはBの塩水の中に20分漬け込み、しんなりしたら絞って水気を切る。

❹❶の湯を捨てて弱火にかけ、鍋をゆすって残りの水分を飛ばす。

❺❹をボウルに移し、塩、こしょう、レモン汁を振ってサッと混ぜ、いったんにんじんを別の容器に移して冷ます。じゃがいもをフォークで1.5cm角くらいの大きさまでつぶしたら粗熱を取る。

❻にんじんを3mm幅のいちょう切りにし、❺のボウルに戻す。ハム、❷の玉ねぎ、❸のキュウリを合わせマヨネーズを加える。味が全体に行き渡るように混ぜたら、塩、こしょうで味をととのえる。

❼あらかじめ用意したゆで卵をのせ、オーロラソースをかける。

スパゲティナポリタン

材料 (1人分)

スパゲティ (1.6mm) ……… 80g
ベーコン (1cm幅の細切り) …… 40g
玉ねぎ (薄切り) …………… 1/4個
ピーマン (1cm幅の細切り)
………………………… 1/4個
マッシュルーム (スライス) … 2個
ニンニク …………………… 1片
オリーブオイル ……… 大さじ1
パセリ (みじん切り) ……… 少々
● A
┌ 水 …………………… 大さじ2
│ ケチャップ ………… 大さじ5
│ ウスターソース …… 小さじ1
│ バター (無塩)(溶かす) … 5g
└ 粉チーズ ………………… 30g

作り方

❶ スパゲティは袋の表示時間通りにゆでる。

❷ スパゲティをゆでている間に、フライパンにオリーブオイルとニンニクを入れて中火にかけて炒める。

❸ 香りが出たらベーコンを入れて炒め、玉ねぎ、ピーマン、マッシュルームを加えてさらに炒める。

❹ Aを合わせ、❸に加えて混ぜる。

❺ ゆでたスパゲティを❹に加え、ソースが全体にからむように炒める。

❻ スパゲティを皿に盛り付け、パセリを散らす。

おすすめペアリング

エステートゴイチメルロ

五一わいん

黒いベリーと樽由来の熟成香がナポリタンの風味をいっそう引き立てます。粉チーズとも相性抜群。

ビーフストロガノフ

材料 (4人前)

牛肉 (フィレや赤身の薄切り)
――――――――――― 450g
にんじん (みじん切り) ―― 1/4個
玉ねぎ ――――――――― 3/4個
マッシュルーム (スライス)
――――――――――――― 8個
ごはん ――――――――― 480g
ベーコン (みじん切り) ―――― 2枚
フォンドボー (缶詰) ― 240mℓ
サラダ油 ―――――――― 適量
バター ――――――――― 少々
パプリカパウダー ―――― 少々
小麦粉 ――――――――― 少々
塩 ―――――――――――― 適量
こしょう ―――――――― 適量
サワークリームもしくは
生クリーム ――――――― 100mℓ
パセリ (みじん切り) ――― 適量

作り方

❶ 牛肉は食べやすい大きさに切り、塩とこしょうで下味を付け、パプリカパウダー、小麦粉をまぶし、もみ込んでおく。

❷ 玉ねぎは2/4個分を薄切りに、1/4個分をみじん切りにする。

❸ 鍋を強火で熱してサラダ油を入れる。薄切りにした玉ねぎをあめ色になるまで炒める。中火にしてマッシュルームを入れ、焼き色を付ける。

❹ ❸にフォンドボーを加えて煮込み、塩とこしょうで味をととのえる。

❺ フライパンで牛肉を炒める。焼き色が付いたら❹の鍋に入れ、サワークリームを加える。

❻ 別のフライパンでバターライスを作る。バターを熱し、❷でみじん切りにした玉ねぎとベーコン、にんじんを炒める。焼き色がついたらごはんを入れて炒め、塩とこしょうで味をととのえる。

❼ ❻のバターライスを皿に盛り、パセリを振る。上から❺のソースをかける。

おすすめペアリング

バリックメルロー&カベルネ

高畠ワイナリー

酸味と旨味が凝縮されたビーフストロガノフには、しっかりと樽熟されたタンニンが活きるこのワインを。

ハンバーグ

材料（4人分）

牛ひき肉	350 g
豚ひき肉	50 g
バター	適量
サラダ油	適量
塩	小さじ1/2
こしょう	少々
ナツメグ	少々

● つなぎ

玉ねぎ（みじん切り）	1/2個 (100 g)
パン粉	20 g
卵	50㎖
牛乳	20 g

● ソース

水	1/2カップ
赤ワイン	1/4カップ
トマトケチャップ	大さじ3
ウスターソース	大さじ2
醤油	大さじ1
バター	小さじ2

作り方

❶ 玉ねぎをフライパンであめ色（茶色）になるまでバターで炒める。炒め終わった玉ねぎは皿に広げて粗熱を取る。

❷ つなぎを作る。容器にパン粉、❶の玉ねぎ、卵、牛乳を入れてしっかりと混ぜる。

❸ 氷水を入れたボウルの上に、牛と豚のひき肉を入れたボウルを重ねてのせる。ひき肉に塩を加えしっかりと混ぜたら氷水からおろす。

❹ タネを作る。❸にこしょうとナツメグを入れたら❷のつなぎを押し込むように混ぜる。しっかりと肉をつぶし、ボウルに押し付けるように練る。

❺ ❹を4等分にして丸め、手の平に打ち付けて空気を抜いたら、形を整える。

❻ フライパンにサラダ油とバターを入れて熱する。バターが溶けたら中火にして、手前からタネを2個入れる。

❼ おいしそうな焼き色が付くまで3〜4分焼いたら裏返してふたをし、さらに5〜6分焼く。

❽ 竹串を刺したときに出る肉汁の色が透明になったらハンバーグを器に盛る。残りのタネも同様に焼く。

❾ 空いたフライパンにソースの材料を入れ、木ベラで底をこそげながらとろっとするまで煮詰め、ハンバーグにかける。好みの野菜（分量外）を添える。

チキンカレー

おすすめペアリング

酵母の泡 ルージュ
マンズワイン

ベーリーAの赤のドライなスパークリングは、カレーと合わせたときにまろやかな風味を生み出します。

材料(4〜5人分)

鶏肉 (大きめのぶつ切り)	300〜400g
ニンニク (みじん切り)	1片
しょうが (みじん切り)	1片
玉ねぎ (みじん切り)	2個
トマト	2個
ごはん	好みの量
トマトピューレ	1/2カップ
ブイヨン	6カップ、もしくは固形2個
小麦粉	1/2カップ
カレー粉	大さじ3
バター	大さじ6
塩	少々

作り方

❶ トマトは赤く熟したものを、熱湯を沸かした鍋で湯むききし、種を取って1cm角に刻む。

❷ 厚手の深鍋にバターを半分ほど溶かし、ニンニク、しょうが、玉ねぎを中火で炒める。玉ねぎが透き通り、あめ色になるまでよく炒めたら、小麦粉、カレー粉を入れてよく混ぜる。この際、鍋底にくっつきやすいので、木ベラでこすり取るようにしながら炒めるとよい。

❸ カレー粉のよい香りが立ち、粉っぽさがなくなったら、ブイヨンを数回に分けて少しずつ加えながら混ぜる。固形の場合は箱に書いてある量のお湯で溶いてから入れる。

❹ ブイヨンが全部混ざったら、❶のトマトとトマトピューレを加える。塩で味を付け、強火で煮立てた後、弱火で50〜60分くらいじっくりと煮込む。時々かき混ぜ、焦げないように注意する。

❺ フライパンに残りのバターを熱し、中火で鶏肉を炒める。❹の鍋に油ごと入れてひと煮立ちさせ、ごはんと一緒に盛り付ける。

POINT

● 玉ねぎはよく炒めましょう。あめ色が付くまで、焦がさず炒めてください。
● 粉を加えたときに焦げ付きが気になる場合は、バター大さじ1を足して炒めましょう。
● アレンジする場合は、すりおろしたりんごやチャツネ、マーマレードなどを❺で加えてひと煮立ちさせるといった方法がおすすめ。

エビチリ

材料（4人分）

エビ（ブラックタイガー）	300 g
トマト	1個
ニンニク（みじん切り）	1片
しょうが（みじん切り）	1片
長ねぎ（みじん切り）	1本
卵（溶きほぐす）	1個分
豆板醤	大さじ1
ケチャップ	大さじ3.5
鶏ガラスープ	120cc
サラダ油	大さじ2
砂糖	大さじ1
酒	大さじ1
醤油	大さじ1
水溶き片栗粉	適量
ラー油	小さじ2
酢	小さじ1

●エビの下味

酒	少々
塩	少々
こしょう	少々
卵白	1/3個
片栗粉	大さじ2
サラダ油	大さじ1

作り方

❶エビは殻をむき、背に切り込みを入れてワタを取る。水で一度洗ってからボウルに入れ、塩、片栗粉、水（全て分量外）を加えて少しもみ、汚れや臭みを取る。水で洗い流し、キッチンペーパーなどで水気を拭き取る。

❷ボウルに❶のエビ、エビの下味のうち酒、塩、こしょう、卵白を入れ、よくもみ込む。片栗粉を入れてさらにもんだら、最後にサラダ油を入れてもむ。

❸熱湯を沸かした鍋でトマトを湯むきし、4等分に切る。

❹❸のお湯でエビを半生状態までゆで、ザルに上げる。鍋にサラダ油を入れて熱し、ニンニク、しょうが、豆板醤を入れて焦がさないように炒め、最後にトマトを加える。

❺❹にケチャップと鶏ガラスープ、エビを加え、砂糖、酒、醤油を入れる。沸騰してきたら水溶き片栗粉でとろみを付け、最後に長ねぎを加え、卵、ラー油、酢を混ぜ卵に火を通す。

おすすめペアリング

酵母の泡 ロゼ

マンズワイン

プリプリのエビを甘辛く仕上げたエビチリには、華やかなマスカット・ベーリーAのロゼの泡がのど越しピッタリ。

POINT

❷で卵白、片栗粉、油で食材をコーティングし、水分や旨味を閉じ込める下処理を漿（チャン）といいます。中華料理で海鮮を使う際に応用できるので、覚えておくと役立ちます。

麻婆豆腐
マーボーどうふ

材料 (4人分)

絹ごし豆腐 (さいの目切り)	2丁
牛ひき肉	120g
長ねぎ (みじん切り)	1/2本
ニンニク (みじん切り)	1片
しょうが (みじん切り)	1片
ニラ (5mm幅)	4本
葉ニンニク (あれば)	1本
油	大さじ2
鶏ガラスープ	1.5カップ
水溶き片栗粉	大さじ1
ごま油	大さじ1
塩	適量
ラー油	大さじ1
粉山椒	小さじ1

●合わせ調味料

豆板醤	小さじ1
甜麺醤	小さじ1
豆鼓醤	大さじ1/2
砂糖	小さじ1
醤油	大さじ2.5
酒	大さじ1
旨味調味料	少々

作り方

❶ 豆腐はやや大きめのさいの目に切る。鍋に熱湯を沸かし、塩少々 (分量外) を入れ、豆腐をゆでる。火を止めてそのままお湯の中に入れておく。

❷ 別の鍋に油を入れ、長ねぎ、ニンニク、しょうがを中火で炒める。香りが出たら牛ひき肉を入れてよく炒める。

❸ ひき肉に火が通ったら合わせ調味料を入れてよく混ぜ、鶏ガラスープを入れ、❶の豆腐を加えて少し煮る。

❹ 水溶き片栗粉でとろみを付ける。ニラと葉ニンニクを加え、ごま油とラー油を回しかけてひと煮立ちさせる。

❺ 器に盛り付け、最後に粉山椒を振る。

おすすめペアリング

ミュゼドゥヴァン
信州プレミアムコンコード
アルプス

フルーティーな香りと樽香が心地よいややドライな造りのコンコードは、ピリ辛な中華と相性抜群。

ホイコーロー
回鍋肉

材料(4人分)

豚バラ肉 (スライス)	200 g
キャベツ (一口大に切る)	200 g
ピーマン (一口大に切る)	2個
ニンニク (スライス)	1片
長ねぎ (斜め薄切り)	1/2本
油	適量
ラー油	少々
ごま油	少々

●合わせ調味料

甜麺醤 (甘みそ)	大さじ3
醤油	大さじ1
砂糖	大さじ2/3
豆板醤	小さじ1
酒	大さじ1

作り方

❶ 豚バラ肉をゆでる。色が変わったらザルに移して冷ます。

❷ フライパンに油を熱して、キャベツとピーマンを中火で炒める。炒めたら一度皿に移しておく。

❸ 合わせ調味料の材料を混ぜ合わせる。

❹ フライパンに油とニンニクのスライスを入れて中火で熱し、香りが出たら長ねぎと❶の豚バラ肉、❷のキャベツとピーマンを入れて炒める。

❺ 火が通ったら❸の合わせ調味料を入れてよく混ぜ合わせる。ラー油、ごま油を加えて軽く混ぜる。

> おすすめペアリング

椀子シャルドネ

シャトー・メルシャン

豚肉の旨味とキャベツのシャキシャキ感が、シャルドネの豊かな酸と厚みのある余韻で深く包まれます。

チンジャオロースー

青椒肉絲

材料(4人分)

豚もも肉 (細切り)	180 g
たけのこ	150 g〜200 g
ピーマン (細切り)	5個
赤ピーマン (細切り)	1個
長ねぎ (みじん切り)	1/4本
油	適量

●肉の下味

卵	1個
塩	小さじ1/4
酒	小さじ1
醤油	小さじ1/2
こしょう	少々
旨味調味料	少々
片栗粉	大さじ1/2
油	大さじ1

●合わせ調味料

酒	大さじ1
鶏ガラスープ	大さじ1
砂糖	小さじ2
醤油	大さじ1・2/3
オイスターソース	大さじ1
片栗粉	小さじ1
油	大さじ1
こしょう	少々
旨味調味料	少々

作り方

❶ ボウルに、肉の下味用の卵、塩、酒、醤油、こしょう、旨味調味料を入れ、切った豚肉を加えて味を付ける。次に片栗粉を入れて混ぜ、最後に油を入れてさらに混ぜる。

❷ 合わせ調味料を別のボウルに合わせてよく混ぜておく。

❸ フライパンに油を入れ、中火で熱し、肉をほぐすように炒める。肉に火が通ったら、たけのこ、ピーマン、赤ピーマンの順に入れて炒める。

❹ 野菜がしんなりしてきたら、最後に長ねぎを入れて炒める。火が通ったら合わせ調味料を入れ、強火で一気に味をからめる。

おすすめペアリング

メルロー＆カベルネ

信州たかやまワイナリー

青椒肉絲の三位一体の味わいに、繊細なタンニンときれいな酸が溶け込み見事な相乗効果が生まれます。

バンバンジー
棒々鶏

材料（4人分）

鶏むね肉	1枚
キュウリ	1本
トマト	1/2個
水	4カップ
しょうが (薄切り)	1片
ニンニク (薄切り)	1片
長ねぎ (上の青い部分)	1/2本

●ごまソース

醤油	大さじ5
砂糖	大さじ2
酢	大さじ2
白ごまペースト	大さじ4
ごま油	大さじ1
ラー油	大さじ1
豆板醤	小さじ1

作り方

❶水を入れた鍋に鶏むね肉、しょうが、ニンニク、長ねぎの青い部分を入れて中火にかける。沸いたら弱火にして5分ほどゆで、火を止めてそのまま冷ます。

※鶏むね肉が厚いときは、火が通りやすいようにそぎ切りにする。

❷❶の鶏肉が冷めたら、鍋から取り出して細切りにする。

❸ごまソースの材料を合わせておく。

❹トマトは縦半分に切って薄切りにする。
キュウリは薄い斜め切りにした後、千切りにする。

❺器にトマトとごまソースを敷き、鶏肉とキュウリを盛り付ける。

おすすめペアリング

山葡萄
ひるぜんワイン

野性味溢れる山ブドウをエレガントに仕上げた一本と、ごまソースが互いに引き立て合うのを楽しんで。

酢豚

材料(4人分)

豚ロース (薄切り)	400g
塩・こしょう	少々
酒	小さじ4
卵	2個
小麦粉	大さじ4
片栗粉	適量
揚げ油	適量
ごま油	適量

●A

たけのこ (乱切り)	120g
しいたけ (4等分)	8枚
キュウリ (乱切り)	2本
トマト (6等分)	2個

●甘酢あん

酢	大さじ3
醤油	大さじ1
砂糖	大さじ2
ケチャップ	大さじ3
イチゴジャム	小さじ1
水	120ml
水溶き片栗粉	適量

作り方

① ビニール袋やボウルに豚ロース肉、塩、こしょう、酒、卵を入れてよくもんだら、小麦粉を入れてさらによくもみ込む。

② 大きいバットに片栗粉を入れる。肉に片栗粉をまぶし、1枚ずつきつめに手前からクルクルと丸める。

③ 鍋に油を注いで170度に熱し、②の豚肉を揚げる。

④ 続いてAの野菜も③の鍋に入れ、色が明るくなったら一旦皿に取り出す。

⑤ フライパンに甘酢あんの材料を水溶き片栗粉以外合わせて弱火で熱し、沸いたら水溶き片栗粉でとろみを付ける。

⑥ ③の豚肉と④の野菜を入れて混ぜ、ごま油を入れてからめる。

おすすめペアリング

伊豆プティ・ヴェルド

中伊豆ワイナリー

甘酢の酸味と豚の凝縮された旨味に、熟した果実の風味とほどよい酸が豊かな余韻を生み出します。

Part 5

日本ワインとワイナリーについて知ろう

ここからは、そらしどが日本ワインの知識と魅力をご紹介します。ワインがどうやって造られるのか、主なブドウの品種などの基礎から、全国のワイナリー情報、日本ワイン界に欠かせないゲストによる対談も掲載。日本の食卓にぴったりの日本ワインを楽しんでください。

本書に登場する**ワイナリー一覧**

北海道
- キャメルファームワイナリー(P.110, 132)
- 十勝ワイン(P.131)
- はこだてわいん(P.131)
- ふらのワイン(P.140)
- 北海道ワイン(P.132, 140)
- 奥尻ワイナリー(P.139)

新潟県
- 岩の原葡萄園(P.130, 143)

秋田県
- ワイナリーこのはな(P.132)

岩手県
- 岩手くずまきワイン(P.141)
- エーデルワイン(P.133, 140)

山形県
- 朝日町ワイン(P.131, 142)
- 高畠ワイナリー(P.133, 141)
- タケダワイナリー(P.141)
- 月山ワイン山ぶどう研究所(P.130)
- 月山トラヤワイナリー(P.132)

宮城県
- 南三陸ワイナリー(P.142)

栃木県
- ココ・ファーム・ワイナリー(P.142)

東京都
- 東京ワイナリー(P.143)

山梨県
- 勝沼醸造(P.143)
- 機山洋酒工業(P.131)
- サッポロビール グランポレール勝沼ワイナリー(P.138)
- サントネージュワイン(P.132)
- サントリー登美の丘ワイナリー(P.133, 138)
- シャトー酒折ワイナリー(P.130)
- シャトー・メルシャン(P.110)
- 丸藤葡萄酒工業(P.130)
- マンズワイン勝沼ワイナリー(P.110, 150, 155)

静岡県
- 中伊豆ワイナリー(P.145)

北海道

冷涼で梅雨や台風の影響が比較的少ないことから、気候条件の近いドイツの品種をはじめ欧州系品種のワイン造りが盛んです。また近年はワイナリー経営を目指して移住した小規模ワイナリーも増え、日々個性的なワインが生まれています。

東北

耐寒性のある品種や山ブドウ系の栽培が主流だった中、温暖化の影響もあり欧州系品種のワインも増えています。一番ワイナリー数の多い山形は、明治時代から醸造をはじめ、マスカット・ベーリーAの産地として山梨に次ぐ第二位を誇ります。

北陸と新潟

「日本のワイン用ブドウの父」と呼ばれる川上善兵衛氏が新潟にいたことにより、早くからワイン用ブドウの栽培が行われてきました。豪雪地帯では雪対策の工夫が多数施され、設備がない時代に雪を発酵温度の調節に使用していた歴史もあります。

関東・東海

気候や土壌的にブドウ栽培に適さないと言われてきたこのエリアも、技術開発や設備等の発展により、近年新しいワイナリーが増えています。また、買ったブドウを用いて街中の小さな醸造所でワインを造る飲食店を兼ねた都市型ワイナリーも増えています。

日本ワインの主な産地は、生産量の多い順に1位山梨、2位長野、3位北海道、4位山形ですが、実は全国各地で個性を活かしたワインが造られています。ここでは本書に掲載されているワイナリーの場所と、各地域別の特徴を覗いてみましょう。

中国・四国

山陰・山陽地方に分かれる中国地方は、マスカットオブアレキサンドリアが有名な岡山や、甲州生産量第二位の島根など、独特に発展したワイナリーが点在しています。ブドウ栽培には厳しいとされる四国にも新しいワイナリーが次々に誕生しています。

九州

降水量が非常に多く台風の被害も多発するエリアですが、それぞれの創意工夫で対策を施し、冷涼な地域向きの欧州系品種などでも非常にポテンシャルの高いワインが造られています。温暖な気候らしいトロピカルなニュアンスが感じられることも。

関西

大阪を中心に古くからブドウ栽培が行われ、安土桃山時代にワインが造られていた記録も。大阪は大正時代には山梨を凌ぐ日本一のワイン産地でもありました。主にデラウェアの産地として栄え、現在も山梨、山形に続く全国三位となっています。

富山県
● SAYS FARM (P.144)
● ホーライサンワイナリー (P.144)

長野県
● アルプス (P.131, 145)
● 井筒ワイン (P.133)
● ヴィラデストワイナリー (P.145)
● 五一わいん (P.110, 132)
● シャトー・メルシャン椀子ワイナリー (P.133)
● 信州たかやまワイナリー (P.144)
● マンズワイン小諸ワイナリー (P.110, 152, 154)
● リュードヴァン (P.133)

京都府
● 丹波ワイン (P.132, 146)

兵庫県
● 神戸ワイナリー (P.147)

島根県
● 奥出雲葡萄園 (P.147)
● 島根ワイナリー (P.132, 147)

岡山県
● サッポロビール岡山ワイナリー (P.133, 138)
● ひるぜんワイン (P.148)

広島県
● Vinoble Vineyard & Winery (P.133)
● 広島三次ワイナリー (P.148)

沖縄県
● 名護パイナップルワイナリー (P.139)

大分県
● 安心院葡萄酒工房 (P.149)

長崎県
● 五島ワイナリー (P.139)

熊本県
● 熊本ワインファーム (P.149)

宮崎県
● 五ヶ瀬ワイナリー (P.132)
● 都農ワイン (P.131, 149)

香川県
● さぬきワイナリー (P.148)

愛媛県
● 大三島みんなのワイナリー (P.139)

大阪府
■ カタシモワイナリー (P.146)
● 河内ワイン (P.132)

滋賀県
● ヒトミワイナリー (P.146)

ワイン造りの工程

赤ワイン

圧搾
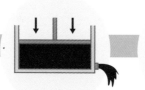
発酵が終わったらワインを抜き出して、タンク内に残った果皮や種子などを潰す。

かもし・発酵

ブドウの果汁・果皮・果肉・種子の全てをタンクなどに入れて発酵させる。

破砕・除梗

ブドウの実を茎（梗）から取り除き、よい粒を選び（選果）軽く潰して果皮を破る（破砕）。

黒ブドウ収穫

発酵・熟成

果汁だけをタンクなどに入れて発酵させる。樽では熟成しないことが多い。

セニエ
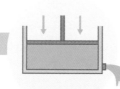
かもしの途中に赤ワインほど色や渋みが付かないタイミングで果汁を引き抜く。

ロゼワイン
※セニエ法の場合

白ワイン

発酵
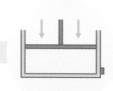
果汁だけをタンクなどに入れて発酵させる。

圧搾

ブドウを優しく搾り果汁を採取する。

破砕・除梗

ブドウの実を茎（梗）から取り除き、よい粒を選び（選果）軽く潰して果皮を破る（破砕）。

白ブドウ収穫

瓶内二次発酵
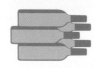
発酵が終わったワインを瓶詰めし、再び発酵させることで、アルコールと炭酸ガスが生まれる。

スパークリングワイン
※シャンパーニュ方式の場合

シャルマ方式の場合
シャルマ方式という、密閉タンク内で二次発酵する方法もある。一度に大量に生産できるだけでなく、果実由来のフレッシュな香味を維持できる。

二次発酵

タンク内で二次発酵をさせる。

完成！

〈スパークリング〉
酵母の泡 甲州
マンズワイン

その昔、ワイン造りはブドウを大きなかめや桶に入れ、
足で踏んで果汁を搾るところから始まりました。
醸造の工程は今も基本的には変わらず、
大きく分けると原料加工、発酵&熟成、ろ過に分けられます。
ここではそれぞれの種類別のワイン造りの行程を見てみましょう。

完成！

山梨
マスカット・ベーリーA
マンズワイン

瓶詰・貯蔵・瓶熟成

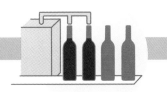

ろ過しながら瓶詰を行い、貯蔵・瓶熟成をさせ落ち着かせる。

熟成

ワインを樽やタンクに入れて貯蔵、熟成。

完成！

山梨 ロゼ
マンズワイン

瓶詰・貯蔵・瓶熟成

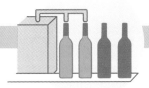

ろ過しながら瓶詰を行い、貯蔵・瓶熟成をさせ落ち着かせる。

完成！

山梨 甲州
マンズワイン

瓶詰・貯蔵・瓶熟成

ろ過しながら瓶詰を行い、貯蔵・瓶熟成をさせ落ち着かせる。

熟成

ワインを樽やタンクに入れて熟成。

完成！

ソラリス 千曲川
シャルドネ メトッド・
トラディッショネル
2016
マンズワイン

瓶詰

コルクで栓をする。圧力で栓が抜けないようにしっかり留める。

デゴルジュマン

瓶の先端だけを凍らせて栓を抜き、澱を取り除きます。

ルミアージュ

定期的に瓶を回し、瓶の口にゆっくりと澱（おり）を集める。

日本ワインの主な品種

国内二大品種

"甲州"

淡い紫に灰がかった色をした甲州は、日本を代表する白ワイン品種として山梨を中心に日本で最も多く栽培され、2010年には日本固有品種として初めてO・I・V（国際ブドウ・ワイン機構）に登録されました。

栽培の歴史は1000年以上と言われ、2013年、広島県の酒類総合研究所のDNA解析により、約30％が野生種、約70％が欧州種で、母方からのみ遺伝する葉緑体のDNAを調べると中国の野生種と判明し、カフカス地方で生まれた欧州種がシルクロードを経由して中国に伝わって、中国種と交雑して日本に渡ったと推定されました。

柑橘系の香りや穏やかですっきりとした酸と、特徴的な淡い苦味の余韻が繊細な日本の食事によく合います。

ルバイヤート甲州 シュール・リー

丸藤葡萄酒工業（山梨県）

甲州を知るならば定番とも言える、山梨県勝沼の王道中の王道のワイン。若々しい香りにスッキリとした酸、シュール・リー製法※の特徴のふくよかな余韻が和食全般何にでも合わせられるオールマイティな1本。

ソレイユ・ルバン 甲州シュール・リー

月山ワイン山ぶどう研究所（山形県）

現段階で甲州栽培の北限となる甲州。江戸時代中期、酒井藩士が甲州を持ち帰り、庄内に植えたことがルーツ。冷涼な気候のブドウらしい際立つ酸が特徴で、庄内名物の寒ダラを用いた「どんがら汁」にもぴったり。

※…瓶詰直前まで澱引きせずにワインを澱と共に熟成させる製法です。

"マスカット・ベーリーA"

イチゴキャンディーのような甘い香りが特徴的なマスカット・ベーリーA。ワイン用品種として甲州の次に、ワイン用黒ブドウ品種としては最も多く栽培され、2013年には甲州に続いてO・I・Vに登録されました。1927年、新潟県の岩の原葡萄園の創業者である川上善兵衛氏が、欧米系ブドウのベーリーと、欧州系のマスカット・ハンブルグを交配して生まれた日本固有品種です。香りのイメージから「ベリー」と呼ばれることも多いようですが、交雑育種の母親の「Bailey」の英語表記が「Bailey」であるため「ベーリー」と呼ぶのが正式と言われています。醤油、みそ、みりんなどと合わせても抜群です。

マスカット・ベーリーA

岩の原葡萄園（新潟県）

品種の可能性を最大限に引き出し造り出した、見本のような1本。品種の特徴であるイチゴの香りは控えめで、深い余韻が楽しめます。醤油ベースの甘辛いタレに漬け込んだ新潟名物の「タレカツ丼」と合わせても。

Muscat Bailey A Unwooded honobe vineyard

シャトー酒折ワイナリー（山梨県）

成熟したベーリーAを用いて造られる、チャーミングでライトなベーリーAの味わいをそのまま感じられる気軽なワイン。フルーティーなイチゴの香りと軽やかな酸は、山梨名物の「鶏のもつ煮」とベストマッチ。

日本ではブドウは主に食用として栽培されてきた歴史が長く、
ワイン用品種である欧州系品種（ヴィティス・ヴィニフェラ）以外に
食用に育てられた北米系品種等（ヴィティス・ラブルスカ）や日本固有の品種、
山ブドウ系のブドウで造るワインも生まれました。
ここでは日本ワインに使われる主な品種を紹介します。

赤ワイン品種

"キャンベルアーリー"

イチゴキャンディのような華やかでフルーティーな香りが特徴的な、ラブルスカ種の黒ブドウです。軽やかでフレッシュ、適度な酸味と甘さで食事に合わせやすいワインに仕上がります。日本では1897年に川上善兵衛氏が持ち込み、食用兼ワイン用品種として栽培され全国に広がっています。

キャンブルスコ・
レッド
都農ワイン
（宮崎県）

北海道100
キャンベルアーリー
はこだてわいん
（北海道）

"ブラック・クイーン"

川上善兵衛氏が「ベーリー」に「ゴールデンクイーン」を交配して1927年に生み出した日本固有の交配品種。濃い黒紫色で豊かな酸味とまろやかなタンニンが特徴のスパイシーで飲みごたえのある辛口の赤ワインに仕上がります。主な産地は山形、新潟、長野などで、全国各地に広がっています。

マイスターセレクション
ブラッククィーン
朝日町ワイン
（山形県）

キザンワイン赤
機山洋酒工業
（山梨県）

"コンコード"

"THEグレープ"と言うような王道のブドウの香りを思わせる象徴的な香りから、キャンディーやグミなどの菓子類やソフトドリンクの原料としても使用されています。北米系のブドウの中でも最も歴史ある品種で、日本には明治初期に導入され、長野県塩尻市を中心に生食用兼ワイン用品種として栽培されています。

ミュゼドゥヴァン
信州プレミアム
コンコード
アルプス
（長野県）

"山幸"

濃厚な色合いからも予想される、スパイシーで野性味あふれた香りとしっかりした酸が味わい深いワインに。1978年に「セイベル13053」とクローン選抜した品種の「清見」に在来種である「山ブドウ」を掛け合わせた黒ブドウで、主に北海道で栽培されています。2020年11月には、日本固有品種として三番目にO・I・Vに登録されました。

山幸
十勝ワイン
（北海道）

白ワイン用品種

"デラウェア"

オハイオ州デラウェアで命名されたアメリカ原産の自然交雑種。スイートな柑橘系の香りとスッキリとした酸、甘くふくよかな余韻が食事を選ばず、日本でも身近なブドウとして認知度が高く、白ブドウ品種として一番の生産量となっています。全国で栽培されていますが、山形、山梨、大阪、島根などが有名です。

金徳葡萄酒
デラウェア
河内ワイン
（大阪府）

早摘みデラウェア
島根ワイナリー
（島根県）

"ナイアガラ"

アメリカのニューヨーク州ナイアガラで生まれたラブルスカ種の白ブドウ。濃厚でフルーティーな甘い芳香と適度な酸が特徴です。日本には1893年に川上善兵衛氏によって導入されました。主に生食用として流通する耐寒性に優れたブドウ品種で、北海道、長野、東北地方などで栽培されています。

Niagara
五ヶ瀬ワイナリー
（宮崎県）

おたるナイヤガラ
北海道ワイン
（北海道）

"セイベル"

別名「ヴェルデレー」とも呼ばれ、フランス人のセイベル氏が1万種以上に及ぶ品種交配を重ねて開発しました。育種番号で呼ばれ、日本で主に栽培されている白ブドウは「セイベル9110」、黒ブドウは「セイベル13053」と呼ばれています。酸味と甘味のバランスがよいワインに仕上がり、主に寒冷地を中心に栽培されています。

月山山麓セイベル
月山トラヤワイナリー
（山形県）

"ポートランド"

ブドウの中でも糖度が高く華やかな香りが強いラブルスカ系の白ブドウで、主に食用として流通しています。ワインでもそのフルーティーな香りや優しい甘さと味わいが生かされ、非常に飲みやすいことが特徴です。果皮が薄く傷みやすいものの、耐寒性に優れることから、主に北海道や東北地方で栽培されています。

鶲ポートランド
ワイナリーこのはな
（秋田県）

欧州系赤ワイン品種

"メルロ"

メルロ、またはメルローとも呼ばれています。原産地のフランスのボルドー地方を主要な産地とする黒ブドウです。諸説ありますが、非常に歴史は古く、最も高価格なワインが造られることでも有名です。その繊細で美しい妖艶なワインは世界中の生産者をも虜にしています。日本では栽培がとても難しいと言われる中、全国の生産者が挑戦し良質なワインが生まれています。

かみのやま
メルロー
サントネージュワイン
（山梨県）

エステートゴイチ
メルロ
五一わいん
（長野県）

"ピノ・ノワール"

フランスのブルゴーニュ地方を主要な産地とする黒ブドウです。日本では18世紀から登場し、最も多く栽培されている黒ブドウです。プラムやブルーベリー、チョコレートなどを連想させる香りとなめらかなタンニンが特徴。日本の全国各地で栽培されていますが、長野県塩尻市が名産地として知られています。

京都丹波
ピノ・ノワール
丹波ワイン
（京都府）

ピノ・ノワール
プライベートリザーブ
キャメルファームワイナリー
（北海道）

"ツヴァイゲルト・レーベ"

ベリー系の果実味とスパイシーなハーブの奥にカカオを感じる優しい香りが特徴。タンニンが控えめな、ほどよく飲みやすい赤ワインとなり、オーストリアでは赤ワイン品種として最も栽培されている人気品種です。比較的寒冷な地域でも栽培可能な品種で、日本では北海道や東北を中心に栽培されています。

シルバー
ツヴァイゲルトレーベ
エーデルワイン
（岩手県）

"カベルネ・ソーヴィニヨン"

フランスのボルドー原産の栽培面積世界1位を誇る黒ブドウ品種。17世紀にフランス南西部で、カベルネ・フランとソーヴィニヨン・ブランが自然交配して誕生しました。しっかりとした酸とタンニンが特徴的で、メルローなどとブレンドされることが多く、多湿な日本には難しい品種ながらも全国的に栽培されています。

サントリーフロムファーム
かみのやま
カベルネ・ソーヴィニヨン
サントリー
（山形県）

欧州系白ワイン品種

"シャルドネ"

椀子シャルドネ
シャトー・メルシャン
椀子ワイナリー
（長野県）

高畠クラシック
シャルドネ
高畠ワイナリー
（山形県）

ハーブや青りんご、トロピカルフルーツの香りが広がり、しっかりとした酸と余韻を楽しめるフランス・ブルゴーニュ地方が原産の白ワイン品種です。環境への順応性に優れ、気候や場所を選ばず栽培できることと、個性が少なめでワインとして汎用性が高い万能品種として世界各国はもちろん、日本でも全国的に栽培されています。

"ソーヴィニヨン・ブラン"

Sauvignon Blanc
Vinoble Vineyard & Winery
（広島県）

ソーヴィニョン・
ブラン
リュードヴァン
（長野県）

グリーンハーブやグレープフルーツなどの柑橘を思わせる爽快な香りと、シャープで切れ味のよい清涼感のあるキリッとした酸が特徴。フランスのロワール地方やニュージーランドを始め、世界各地で栽培される代表的な白ワイン品種です。日本では長野を中心に各地で栽培されています。

"龍眼"

NAC竜眼
井筒ワイン
（長野県）

龍眼、または竜眼と明記され、主な産地である長野県では善光寺ブドウとも呼ばれます。シルクロードを経由して中国、そして日本に伝来し、明治初期に長野市近郊に食用として植えられました。フローラルで華やかな香りと酸味のバランスが特徴で、1970年代にマンズワインがワインの原料として使用し始めました。

"ケルナー"

グランポレール
余市ケルナー
サッポロビール
岡山ワイナリー
（岡山県）

ドイツのヴァインスベルクの詩人ユリウス・ケルナーにちなんで命名された白ワイン用ブドウ品種。マスカットや柑橘系などのアロマティックな香りと酸が持ち味のワインに仕上がります。耐寒性が強く厳しい環境下でも育てやすいことから、日本でも1970年代にドイツと気候が似ている北海道で栽培が始まり、寒冷地を中心に育っています。

※北海道余市産のブドウを100%使用

ブドウ畑の1年

\7月〜8月/ 夏

ブドウのサイクル
果粒肥大期、着色期

作業
摘芯・除葉・摘粒・摘房 など
（てきしん・てきりゅう・てきぼう）

美しい「ヴェレゾン」が楽しめる
〈果粒肥大期、着色期〉

ブドウの実が成長していく「果粒肥大・成熟」の時期を迎えます。ブドウは色付き始め「ヴェレゾン」と呼ばれる着色の変化が楽しめる状態となります。この頃から、ブドウの品質を高めるために、枝の先端を摘み取る「摘芯」や、日当たりを計算してブドウ周辺の葉を取り除く「除葉」、余分な粒や房を落とす「摘粒・摘房」などの作業が行われます。

\5月〜6月/ 初夏

ブドウのサイクル
展葉・開花・結実期

作業
新梢誘導・摘穂
（しんしょう・てきすい）

ブドウの成長が一気に加速する
〈展葉・開花・結実期〉

展葉期を迎えると、芽から新梢と呼ばれる葉や実を付ける枝が成長します。想定した成長を促すために芽や枝を切り落とし、伸びる新梢をワイヤーなどで固定したり、日光が当たるように調整しながら「新梢誘導」を行います。萌芽から約70日前後で「開花」の時期を迎えますが、開花前に「摘穂」と呼ばれる余剰な花穂を取り除く作業を施します。

\3月〜4月/ 春

ブドウのサイクル
萌芽期・発芽期

作業
芽かきなど

最低気温が10度を超える頃、新芽が出てくる
〈萌芽期〉

ブドウの目覚めを知らせる「ブドウの涙」（樹液がしたたり落ちる様子）を確認し、萌芽が始まって葉を出すころ、「芽かき」と呼ばれる余剰な芽を取る作業を施します。また、この時期は、霜によって若芽が凍って壊死してしまう「霜害」が出ることがあり、畑で火を燃やしたり防霜資材を散布したりと霜対策に追われることも。

「よいワインはよいブドウから」と言われるほど、ワインのよし悪しは
ブドウ栽培で決まります。ここではブドウ畑の1年の流れを覗きながら、
背景にある生産者の絶え間ない努力を紹介します。

\12月〜2月/

冬

ブドウのサイクル

休眠期

作業

剪定・耕耘など
<small>せんてい　こううん</small>

収穫を終え落葉し、
樹が眠りに入る
〈休眠期〉

この時期に不要な枝を切り、適切な芽数に揃えて次の年に備える「剪定」を行います。寒冷地では凍害対策に樹を雪や土に埋めたり藁を巻いたりする作業を施すところも。また、1年を経て固くなった土を耕して土壌の保水性や通気性を高める「耕耘」などの土壌改良や畑のベース造りも秋から冬にかけて行います。

\9月〜11月/

秋

ブドウのサイクル

収穫期

作業

収穫

1年の集大成となる
実りの秋
〈収穫期〉

早い地域では8月下旬から、一般には9月から11月にかけて、ブドウ畑は「収穫」の時期を迎えます。ブドウの糖度や酸度など各ワイナリーの基準によって収穫のタイミングを判断して収穫されたブドウは醸造場に運ばれ、そのまま常温もしくはいったん冷蔵庫で冷やしたあとに醸造します。深夜から朝方にかけて気温が最も下がる香りの成分と糖度が高い時間帯に(ナイトハーベストなどとも言われる)夜間収穫を行う場合も。

日本ワインの歴史

“ 日本の歴史3つの時代に分けて振り返ろう ”

日本のワインの始まりには諸説ありますが、日本最古の歴史書「古事記」には、スサノヲノミコトがヤマタノオロチを退治するために造らせた“木の実から造ったお酒”が登場していて、当時の背景的には自生する山ブドウなどのお酒＝ワインではないかとも言われています。また、1549年（天文18年）、ポルトガルから宣教師フランシスコ・ザビエルが日本を訪れ、キリスト教の布教のために各地の大名にワインを献上したことから日本にワインが伝わったと言われ、その頃には皆さんが歴史上の人物としてよくご存知の、織田信長や豊臣秀吉、石田三成などもワインを楽しんだという文献が残されています。そこから470年以上が経ち、現在では400軒以上の醸造所が生まれ、各地のブドウを用いて日本ワインが造られるようになりました。ここまでに至る歴史背景を覗いてみましょう。

1881年（明治14年）
東京都浅草の「みかはや銘酒店」の神谷伝兵衛が近藤利兵衛と共に、甘味果実酒「蜂印香竄葡萄酒」を開発し、全国的にヒットさせる。

1890年（明治23年）
新潟県の川上善兵衛が親交のあった勝海舟から影響を受け「岩の原葡萄園」を設立。

1899年（明治32年）
現サントリーの創設者、鳥井信治郎が「鳥井商店（後の寿屋）」を創業。

1907年（明治40年）
「鳥井商店」が「赤玉ポートワイン」（現赤玉スイートワイン）を発売し、現在まで愛されるロングランヒットとなる。

1911年（明治44年）
「五一わいん」の創設者林五一が信州桔梗ヶ原に入植し、ブドウを始めとした果樹の栽培を開始。

軍事目的のワイン製造と洋食文化と共にワインが浸透する昭和

日本の海軍は、1942年（昭和17年）、中部太平洋のミッドウェー海戦にて大打撃を受けたことをきっかけに、ワインの醸造過程に採取できる酒石酸からロッシェル塩を作り、これを使った対潜水艦用の水中聴音機の量産態勢を固め、緊急軍需物資として酒石酸の増産を決定し、終戦時まで軍

始まりから明治にかけて

明治維新政府の殖産興業政策の一環としてワイン醸造を目的としたブドウ栽培が全国的な規模で展開され始めたことを背景に、現在の日本ワインの礎を作った老舗ワイナリーが続々と誕生。またこの頃、欧州から輸入されたワインを利用した甘味葡萄酒＆果実酒が生まれます。これは日本人の味覚に合うとして非常に好評を博し、長い間日本のワイン市場を支え続けてきました。

古事記にワインらしきものが登場。

1186年（文治2年）
山梨県の勝沼にて雨宮勘解由が甲州種を発見し栽培を始める（雨宮勘解由説）。

1549年（天文18年）
ポルトガルから宣教師フランシスコ・ザビエルが日本を訪れワインを伝える。

1874年（明治7年）
日本で初めての醸造所となる「葡萄酒共同醸造所」を山梨県甲府の山田宥教と詫間憲久が設立。

1877年（明治10年）
山梨県の勝沼に本格的な民間初の醸造所「大日本山梨葡萄酒会社」（現：メルシャン）が設立され、高野正誠と土屋龍憲が日本からはじめてワインを学びにフランスに派遣される。

日本のワイン需要が少しずつ増える中、地方創生の動きや六次産業化の拡大に伴い、地理的表示(GI)が施行され、国際的なワインの評価基準にもなりました。ワイン特区の認証、日本で初めてのワイン法が施行されるなど、日本ワインを生産する背景も大きく成長する中で、海外で修業してきたワイナリーの若者たちの活躍や、都会から地方に移住して小規模ワイナリーの設立を目指す人も増え、日本のワイナリーも多様性の時代を迎えます。

1989年(平成元年)
リュブリアーナ国際ワインコンクールにおいてシャトー・メルシャンの「信州桔梗ヶ原メルロー 1985」がゴールドメダルを受賞。

1997年(平成9年)
健康志向への関心から赤ワインに含まれる成分「ポリフェノール」に注目が集まり、赤ワインブームが起こる。

2002年(平成14年)
長野県がより高い品質の農産物及び農産加工品を提供することを消費者に開示する「長野県原産地呼称管理制度」を制定。

2003年(平成15年)
・第1回国産ワインコンクール(現:日本ワインコンクール)が山梨にて開催される。
・構造改革特別区域法に基づく酒税法の特例措置によって最低製造数量が緩和される「ワイン特区」が山梨県から始まり、2005年以降全国に広がり小規模ワイナリーの設立が相次ぐ。

2010年(平成22年)
甲州が日本古来の品種として初めてOIV(国際ブドウ・ワイン機構)に登録される。

2013年(平成25年)
・地理的表示(GI)保護産地として山梨が指定される(その後2018年に北海道、2021年に山形、長野、大阪と続く)。
・マスカット・ベーリー AがOIVに登録される。

2015年(平成27年)
国税庁が「果実酒等の製法品質表示基準」を制定。

2018年(平成30年)
「製法品質表示基準」を基にワイン法が施行され、ワインラベルの表示などの細かな基準が定められる。

2020年(令和2年)
北海道を原産地とする山幸がOIVに登録される。

事目的のためのワイン造りを推奨したことから全国的に醸造所が増え製造量も拡大。その後、経済成長に伴い洋食文化が浸透するに連れワインブームが起こります。1975年(昭和50年)にはワインの消費量が甘味果実酒を上回り、日本のワイン市場は少しずつ成長を遂げます。

1927年(昭和2年)
「岩の原葡萄園」の川上善兵衛がマスカット・ベーリーAを開発。

1942年(昭和17年)
緊急軍需物資としての酒石酸摂取を目的としたワイン造りを国が推奨し、生産量が増大する(終戦の1945年(昭和20年)まで続く)。

1962年(昭和37年)
山梨県の勝沼町にマンズワインの前身となる「勝沼洋酒株式会社」設立。

1964年(昭和39年)
東京オリンピックが開催され、洋食文化が一般に浸透し始め、ワイン需要が高まる。

1966年
「メルシャン1962(白)」が、国際ワインコンクールで日本初の「金賞」を受賞。

1970年(昭和45年)
大阪万国博覧会が開催され、オリンピックに続き世界各国の文化に触れる機会が増え、さらに外国産ワインの輸入が自由化されたことで日本初のワインブームが起こる。

1971年(昭和46年)
マンズワインがワインのCMを公開。

1972年(昭和47年)
大手各社から手軽に飲める格安ワインが発売され、テーブルワインブームとして食事中にワインを飲む文化が日本に根付き始める。

1976年(昭和51年)
日本ソムリエ協会設立。

1987年(昭和62年)
この頃から円高やバブル経済の影響で高級ワインやボジョレー・ヌーヴォーブームが巻き起こり、輸入ワインの消費量が拡大する。

日本ワインブームと
ワイナリー設立増大の
平成～令和

大手ワイナリーと島文化

日本のワイン界を先導する大手メーカーのワイナリーは、技術面の開発研究や海外研修などの人材育成、流通拡大のための広報活動など、あらゆる面から日本のワイン文化を育てる役割を担っています。

大手ワイナリー

サッポロ

サッポロホールディングスの酒類製造販売事業を担うサッポロビールは、1974年に山梨県勝沼町の丸勝葡萄酒を合併してワイン事業をスタート。1977年には勝沼ワイナリーよりサッポロワイン「ポレール」を販売。続いて1984年に岡山県に設立した岡山ワイナリーは、西日本最大級の国内製造ワイン生産量を誇るワイナリーとなっています。そこからさらに、2003年にフラッグシップワインとしてプレミアムワイン「グランポレール」を発売。以来、北海道、長野、山梨、岡山で育ったブドウの風土を表現した高品質な日本ワインを生み出しています。多くの生産者のブドウを扱う岡山ワイナリーでは、安定的な品質提供に取り組んでいます。一方、自社管理畑や契約農家のブドウを扱う勝沼ワイナリーは、さらに上の品質を追求したワイン造りを行い、幅広い販路を持つ大手のミッションとして、多種多様なライフスタイルと年齢層のお客様のあらゆるシーンで、どれか1本選べるようにすること、そして日本ワインを初めて手にする人たちに安定した品質のワインを届けられることを意識し、徹底した商品管理と流通戦略を行っています。そして2023年、20周年を迎えるグランポレールは、さらに進化と飛躍を目指し、ブランド力強化と発展に取り組んでいます。

サントリー

現在多彩な飲料、食品などを扱うサントリーの全てはワイン造りから始まりました。創業者の鳥井信治郎氏は1907年に「赤玉ポートワイン（現・赤玉スイートワイン）」を発売し、日本に甘味葡萄酒ブームを起こし、サントリーの基盤を築き上げました。2022年9月、サントリーは大自然の恵みである「水」、ブドウを育むテロワールを意味する「土」、そしてワインを造る「人」を意味する「水と、土と、人と」をテーマに、日本ワインの新ブランド「SUNTORY FROM FARM」を立ち上げ、日本ワインの魅力をお客様へお届けする戦略を打ち出しました。100年以上にわたり日本の風土と向き合いワイン造りに取り組んできたサントリーの背景を一層伝えるために、雄大な富士山の姿が浮かぶ甲府盆地を見下ろす登美の丘ワイナリーでは、大自然堪能型のワインテラスである「富士見テラス」の開設や、ワインショップの刷新、熟成庫の空間演出などを行うほか、来客者に寄り添うセミナーや体験を行えるように改革。さらなる品質向上と生産能力の増強に向け、地域の農家の高齢化や遊休農地問題に対し日本固有品種である甲州の収穫量拡大に向けた取り組みを進めるなど、次の100年に向けた新たな日本ワインの発展と未来形成に取り組んでいます。

メルシャン

キリンホールディングスグループのワインメーカーとして、日本ワインブランド「シャトー・メルシャン」を構え、山梨県の勝沼、長野県の桔梗ヶ原、椀子のワイナリーでは「日本を世界の銘醸地に」という信念の下、日本の風土の個性を活かしたワイン造りへの先駆的な挑戦を続けています。その上で『自然との共生、地域との共生、未来との共生』をテーマに掲げ、幅広い取り組みを行っています。『自然との共生』は、大学や研究機関と協力して遊休荒廃地を草生栽培のブドウ畑にして、自然環境を守り、絶滅危惧種のオオルリシジミを畑で増やす活動。『地域との共生』は、地域の産業と連携し、地域の雇用や発展につなげる活動。『未来との共生』は子どもたちに畑に関わる機会を作り、若い世代向けのツアーなどを企画し、未来の飲み手を育てること。また、ワイン生産量日本一を誇る神奈川県藤沢市のメルシャン藤沢工場では、1979年から藤沢工場長を務めていた故・浅井昭吾氏が、日本のワイン文化の発展のために技術員と海外に渡り、安全かつ安価な海外原料を確保し、以来日本人の味覚に合わせたデイリーワインの研究開発を行い、ペットボトルの改革や流通の拡大に努め、日本の食卓にワインを届ける大きな役割を果たしています。

四方を海に囲まれた離島では、それぞれ独特の食や文化が根付き、ワイン造りの苦労もさまざま。ここでは島に建てられたワイナリーと、そこで育ったブドウから生まれた日本ワインとの生活や食文化を紹介します。

島文化と日本ワイン

日本ワインとワイナリーについて知ろう

長崎県 五島列島 福江島 五島ワイナリー

醸造家　アーロン ヘイズさん

福江島のシンボルでもある鬼岳に隣接するリゾート施設「五島コンカナ王国 ワイナリー&リゾート」の中に、長崎県初・日本最西端のワイナリーとして2014年4月に設立。日照時間が長く火山灰土壌で比較的水はけがよい場所を選んだとはいえ、寒暖差が少なく高温多湿な島での栽培は病気や害虫被害も多く苦労が尽きないものの、創意工夫を重ねた自社畑ではキャンベル・アーリー、マスカット・ベーリーA、ナイアガラなどのブドウが育ち、買いブドウを含め年間約1.5万本のワインを製造しています。海に囲まれた島ならではのミネラル感のあるワインは、島の魚介類にも合わせやすいドライな造りを心がけているそう。島に自生しているヤブツバキの花から採取された野生酵母「五島つばき酵母」を用いたキャンベル・アーリーのスパークリングロゼは、郷土料理の「かっとっぽ」（ハコフグのみそ焼き）やキビナゴの刺身などに、華やかな香りとやや甘い口当たりで心地よく寄り添います。

愛媛県 大三島 大三島 みんなのワイナリー

醸造家　川田 佑輔さん

オーナーであり建築家の伊東豊雄氏が島にミュージアムを建設した経緯から、島の少子高齢化や耕作放棄地問題などに取り組むためにワインを造る事業がスタートし、2019年秋には海を見晴らす浜辺に醸造所を設立。大三島は四方が海に囲まれているにもかかわらず魚介類が特産品ではありません。「日本総鎮守」と称される『大山祇神社』が祀られる「神の島」と呼ばれ、古くから殺生を好まず農耕で生きてきた歴史から、農作業の手となる移住者を歓迎する背景があります。ワイナリーの畑仕事やイベントなどにも島の人々が積極的に力を貸し、島の産業として温かく迎えられているそう。命の尊厳を重視するこの島では獣害とされるイノシシも、皮や骨までも活用し人間との共存関係を伝えています。イノシシは島の特産物でもある柑橘類を食べるため、臭みがなくてとても柔らかく、レモンを浮かべる「イノシシレモン鍋」は、島白シャルドネ樽熟のスッキリとした酸と滲み出るふくよかさで、島を象徴する味わいになっています。

北海道 奥尻島 奥尻ワイナリー

醸造家　菅川 仁さん

1993年の北海道南西沖地震の後、地域の雇用促進のためにワイン事業が始まり、2008年にワイナリーを設立。現在自社畑24haの畑から採れるブドウからワインが造られています。海に囲まれた島のブドウ作りは常に塩害との闘いで、一度潮にやられた葉は赤茶色に変色して枯れてしまうため、被害が激しい時には1/3も収穫できないこともあるとのこと。ただしその分、海を感じる特徴が表れたワインが生み出せるのが魅力で、潮風の影響でミネラル感のあるワインとなり、その味わいを活かすためにほとんど樽を使わずに醸造されています。豊富な海の幸が魅力の島では通常の魚屋がなく、魚介類を求める時は漁師さんに頼むか自分で獲るかというほど海産物は身近なもの。一押しはホッケの三平汁や鮮度のよさならではの半生で食べるしゃぶしゃぶなど。また、島ではお正月には雑煮代わりにクジラ汁を食べる習慣もあるため、潮の香を感じるピノ・グリや、ライトな造りのツヴァイゲルトレーベが島の食材の旨味を際立たせています。

沖縄県 名護パイナップルワイナリー

醸造家　畑 貴嘉さん

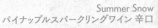
Summer Snow
パイナップルスパークリングワイン 辛口
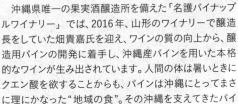

沖縄県唯一の果実酒醸造所を備えた「名護パイナップルワイナリー」では、2016年、山形のワイナリーで醸造長をしていた畑貴嘉氏を迎え、ワインの質の向上から、醸造用パインの開発に着手し、沖縄産パインを用いた本格的なワインが生み出されています。人間の体は暑いときにクエン酸を欲することからも、パインは沖縄にとってまさに理にかなった"地域の食"。その沖縄を支えてきたパインを新たな酒文化として後世につなぐための、今はまだスタート段階とのこと。甘い香りをシャープな酸が包み込むパインのワインは、同じく"地域の食"である豚料理と合わせて調和を楽しんで。

一般社団法人 沖縄県産リュウキュウガネブ 管理普及協会

農場長・海洋熟成酒担当　和田 誠さん

島に自生し絶滅危機に瀕していた沖縄固有種のヤマブドウ「リュウキュウガネブ」を守る取り組みとして、2014年に設立されました。大学や民間機関と共に栽培方法や交配の研究開発に取り組み、ワインを海に沈めて海中熟成を行い、またサンゴ礁を守る活動も行っています。リュウキュウガネブのワインは抗酸化作用のあるポリフェノールなどの数値がとても高く、それらは過酷な環境下でも栽培に適する要素とも言われ、化粧品の原料としても提供。アントシアニンを豊富に含む野性味溢れる酸が海洋熟成により長期熟成したように穏やかになり、沖縄の代表的な食品「豆腐よう」と合わせると、琉球の血が躍るような驚く味わいに。

北海道ケルナー

> おすすめ
> ご当地ごはん
> **ゆでシャコ、シャコ天**

小樽の名産として知られるシャコは身が大ぶりでコクの深い甘味が特徴。ケルナーの品種特徴である柑橘を思わせる華やかな香りと、綺麗な酸味との相性が際立ちます。

北海道ワイン（北海道）

1974年に北海道小樽市で創業し、「おたるワイン」の通称でも親しまれるワイナリー。創業以来、北海道産を中心とした国産ブドウ100％の「日本ワイン」と「非加熱生詰め」にこだわり続けた香り高いワイン造りが特徴です。国内外のワインコンクールで金賞を受賞するなど品質面の高評価を得ている他、日本ワイン国内製造量の約10分の1を1社で醸造し、流通量も日本トップを誇っています。直轄農場「鶴沼ワイナリー」では日本最大の447haの敷地に垣根式のブドウ畑が広がります。

醸造責任者
河西 由喜さん

シャトーふらの

> おすすめ
> ご当地ごはん
> **富良野産チーズのチーズフォンデュ**

酪農が盛んな富良野のチーズを使ったチーズフォンデュが、厳選されたバッカス種とケルナー種で贅沢に仕上げたワインの熟した果実の甘い香りとふくよかな余韻と溶け合います。

ふらのワイン（北海道）

1972年、富良野市が農業振興を目的としてワイン用原料ブドウの栽培に取り組み、山ブドウを中心とした生食用ブドウを原料に醸造試験が開始され、富良野市ぶどう果樹研究所として北海道で2番目に古いワイナリーとなるふらのワインを設立。土壌研究や品種選定、品種改良、ブドウ栽培技術の導入を重ねることで、完熟した良質なブドウを育て、優れた醸造技術、細心の注意と心を込めた品質管理によって高品質なワインを生み出しています。

栽培醸造責任者
髙橋 克幸さん

五月長根リースリング・リオン白

> おすすめ
> ご当地ごはん
> **稗貫川産のアユの塩焼き**

稗貫川でとれるアユの塩焼きは、肝の苦味を入れることにより、リースリング・リオンのキレのある酸味と甘味のコントラストが非常に爽やかにマッチして、よりいっそう奥行きが広がります。

エーデルワイン（岩手県）

大迫のワイン造りは、傾斜地が多く年間降雨量が少ないこと、地質が石灰質であることから、1940年代に深刻な台風被害が起きた際の復興策の一環として始まりました。1962年に前身の「岩手県ぶどう酒醸造合資会社」を設立。「ワインは『土』『気候』『栽培者』とそれに合ったブドウの品種によって生まれるもの」と、岩手の大地に根ざしたワイン造りを行い、国内外のワインコンクールでも賞を多数受賞。「半世紀から一世紀ワイン」へ、地元のブドウ農家と共に歩み続けています。

醸造家
佐藤 文明さん

山ぶどうワイン

おすすめ
ご当地ごはん
ひっつみ

小麦粉を練り、きのこ、ごぼう、にんじんや鶏肉などを具材にし、醤油、酒で味付けした郷土料理のひっつみは、やや甘口に仕上げた山ブドウの野趣溢れるワインと相性抜群。

岩手くずまきワイン（岩手県）

岩手県北上山地の山々に囲まれた葛巻町は86%を森林が占め、平均標高735mで高地冷涼な気候風土を有しています。 1979年、当時の高橋吟太郎町長が、町に自生する山ブドウを使ったワインを新しい産業とした地域活性化を目指して、ブドウ栽培を開始。1985年にワイナリーを創立し、山ブドウを中心に日本ブドウ100%で醸造しています。山ブドウの酸を生かしながらも穏やかに調和させる造りに定評があり、ワイナリーでは工場見学、直売店、体験学習館、直営のレストランなどが楽しめます。

醸造家
大久保 圭祐さん

タケダワイナリー
ルージュ樽熟成

おすすめ
ご当地ごはん
ジンギスカン

蔵王地域は富国強兵対策で羊毛を増やす地として選ばれたことから、羊肉を食べる文化が生まれました。樽香に負けないマスカット・ベーリーAの渋みとまろやかな酸は甘辛いタレと絡むマトンとベストマッチ。

タケダワイナリー（山形県）

蔵王連峰の麓、南向きの高台に建つタケダワイナリーは、1920年に武田重三郎氏が青果物業を兼ねた「武田食品工場」を設立し、ワイン醸造を開始。早い段階から海外品種の栽培に着手し、1974年、火事で会社が全焼したことを機に本格的なワイン醸造所として再スタートを切りました。自家農園では自然農法栽培によるブドウ栽培を行い、創業以来、「よいワインはよいブドウから」をモットーに、土作りから徹底したワイン造りを続けています。

醸造家
岸平 典子さん

バリックメルロー＆
カベルネ

おすすめ
ご当地ごはん
**米沢牛の
ステーキ**

米沢牛は米沢藩主が天和時代より飼育を開始した長い歴史があります。キメの細かいとろける脂の旨味とワインの熟成した柔らかいタンニンが穏和な酸にしっかりからみます。

高畠ワイナリー（山形県）

山形県南部、置賜盆地にある高畠町。ブドウ栽培の歴史は明治初頭にさかのぼり、シャルドネ種、デラウェア種の生産量は全国有数の産地となっています。高畠ワイナリーはその地で1990年に創設以来、世界の銘醸地に並ぶ「プレミアムワイナリー」となることを目指し、世界基準のワイン造りにチャレンジしています。国内外のコンクールで軒並み高評価を獲得しています。また、地元産の果実を用いた高品質なフルーツワインなども製造し、幅広い層に支持されています。

醸造家
松田 旬一さん

柏原ヴィンヤード 遅摘み赤

おすすめ
ご当地ごはん
芋煮

1600年代半ば、最上川舟運の終点で荷物の引取の待ち時間に里芋を鍋で煮て食べていたことが芋煮のルーツとも。マスカット・ベーリーAは醤油味と相性がよく、芋煮と抜群の組み合わせ。

朝日町ワイン（山形県）

山形県の中央部の磐梯朝日国立公園の主峰、大朝日岳の東部山麓地域にある朝日町ワインは、1944年、山形果実酒製造有限会社として設立。「よいぶどうがなければ、よいワインは生まれない」を企業理念とし、朝日町ぶどう生産組合の25軒の農家の方々が12haの畑に作付けしたワイン専用品種を中心に栽培。山形県産・国産100%の「安心、安全」なブドウを用いた高品質なワインは、各コンクールでも高い評価を得ています。

醸造家
池田 秀和さん

南三陸シャルドネ

おすすめ
ご当地ごはん
**戸倉っこ
かき**

全国屈指のマガキ生産量を誇る南三陸町。ASC国際認証を日本で初めて取得した戸倉っこかきの甘さを、ワインの旨味と酸味がより引き立ててくれます。

南三陸ワイナリー（宮城県）

復興支援のため立ち上げた「南三陸ワインプロジェクト」から、宮城県南三陸町に海の見えるワイナリーを2020年10月オープン。町内に2か所、山形県上山市に1か所の計3か所で、合わせて4000本のブドウを栽培しています。南三陸の魅力をワインでめぐる物語でつなぎ、町の皆とマリアージュを生み出していく、味わいと賑わいの創造拠点を目指しています。テラスでは海を眺めながらのお食事も楽しめます。

オーナー
佐々木 道彦さん

農民ロッソ

おすすめ
ご当地ごはん
**足利
マール牛の
ローストビーフ**

ワインを醸造する際に出るブドウの果皮や種（マール）を飼料に混ぜて与えた足利マール牛は、マスカット・ベーリーA、メルロー、カベルネなどが樽熟成された柔らかなワインのタンニンとよく溶け合います。

ココ・ファーム・ワイナリー（栃木県）

1950年代、特別支援学級の教師であった川田昇氏が、生徒たちと共に山の斜面に畑を開墾してブドウ栽培を始め、活動に賛同する父兄の協力の下、1980年にワイナリーを設立。障がい者支援のワイナリーである一方、海外研修などを積極的に行って技術を磨き、自家畑では化学肥料や除草剤は一切使わず、醸造場での醗酵も野生酵母や野生乳酸菌を中心とした高品質なワイン造りを手がけています。併設のカフェでは季節の食材を使った料理を楽しめます。

醸造家
柴田 豊一郎さん

東京ワイン 高尾

おすすめ
ご当地ごはん
**練馬大根
スパゲッティ**

江戸時代から栽培されている伝統野菜、練馬大根。大根おろしとツナとオリーブオイルというシンプルな組み合わせは、東京生まれの高尾の軽やかな香りと優しい味わいがピッタリ。

東京ワイナリー（東京都）

野菜の仲卸として働いていた越後屋美和氏が、東京の野菜を知ってもらいたいと「地元の野菜に合うワイン」をコンセプトに、2014年に東京初のワイン製造場としてオープン。ろ過をしない優しい味わいのにごりワインを製造・販売しています。「ねりまワインプロジェクト」として近くにある農家の畑を手入れしながら「ねりまワイン」を製造するかたわら、近年自社畑もスタートし、日々醸造や畑の手伝いに訪れる人たちの笑顔で溢れるワイナリーです。

醸造家
越後屋 美和さん

アルガブランカ クラレーザ

おすすめ
ご当地ごはん
**馬刺しの
しょうが添え**

山梨は甲斐国の時代から貢馬の国として知られ、馬肉文化が盛んでした。甲州種の爽やかな香りとほのかな苦味がしょうがと調和し、馬刺し本来の旨味をグッと引き立てます。

勝沼醸造（山梨県）

1937年、製糸業を営むかたわらワイン醸造を開始。山梨原産の固有品種、甲州種に特化したワイン造りを行っています。原料となるブドウの品質にこだわり、ゆっくりとストレスをかけずに本来の個性や味わいを抽出するなど、ていねいなワイン造りを心がけています。築130年の社屋では歴史を感じながら約20種類のワインのテイスティングが可能です。さらに勝沼醸造が経営する近隣の「レストラン風」では、ブドウ畑を一望しながら季節の料理とおいしいワインのマリアージュが楽しめます。

醸造家
有賀 翔さん

深雪花 赤
（み ゆきばな）

おすすめ
ご当地ごはん
**鳥の
照り焼きの
かんずり添え**

400年に及ぶ伝統を持つ「かんずり」は、厳しい寒さから体を守る唐辛子主体の発酵調味料です。甘辛いタレとまろやかなマスカット・ベーリーAとの合わせ技で辛みが調和し引き立ちます。

岩の原葡萄園（新潟県）

1890年（明治23年）、創業者の川上善兵衛氏が新潟県上越市の自宅の庭園に鍬を入れ、葡萄園を作ったところから始まりました。以来、情熱を引き継いで130年以上にわたって1万以上の品種交雑を行って生み出した日本のブドウ品種で日本ワインを造っています。越後名物の雪を利用したワイン熟成庫「第二号石蔵」も必見です。また、地元の小学校で「川上善兵衛学習」を実施し、「川上善兵衛」の生き方やブドウ作りを地域文化として継承しています。

醸造家
上野 翔さん

SAYS FARM（富山県）

冬場は寒ブリ漁で賑わう富山県西端の氷見市で、魚問屋が2011年に設立したワイナリー。氷見市街地から車で15分ほどの小高い丘の上に畑とワイナリーがあり、ワインを販売するビジターセンターの他、レストランや1日1組限定の宿泊施設を備えています。原料は自社が経営する農園のみから醸造を行うドメーヌスタイルで、魚の町のワイナリーとして、氷見の魚介に合うワインをコンセプトにワインを生み出しています。

醸造責任者
田向 俊さん

SAYSFARM ロゼ

おすすめ
ご当地ごはん
**氷見の
寒ブリ寿司**

寒ブリの豊かな脂とブリそのものの旨味が、同じ土地で作られるメルローとカベルネ・ソーヴィニヨンのロゼに合います。シャリの酸味と米の甘みを交えて食べ合わせるのがおすすめ。

ホーライサンワイナリー（富山県）

大正の末期に米騒動が始まったことを発端に、日本酒の代わりにブドウでお酒を造ろうと、1927年に山を開拓してブドウ栽培を開始。その6年後からワイン醸造を開始した北陸最古のワイナリーです。初代から守ってきた土を大切にしながら地に根付いたブドウ作りにこだわり続け、親しみやすく日常で気軽に飲めるワインを目指し、人々が集うイベントも活発に行いながら、ワインを通じて「たのしむこと」を提案する癒しの地として愛されています。

オーナー
山藤 智子さん

ついでに

おすすめ
ご当地ごはん
昆布〆

昆布消費量日本一の富山で江戸時代から伝わる郷土料理の昆布〆と、マスカット・ベーリーAのロゼのフレッシュな軽い口当たりは、素材の旨味に奥行きを与えとろけるような味わいに。

信州たかやまワイナリー（長野県）

高品質なワイン用ブドウを供給していた高山村のブドウ栽培者たちの「ブドウ産地からワイン産地へ」との思いから、2016年に村内にワイナリーを設立。「クリーンでバランスのよい」「日本の食事に寄り添う」「飲み飽きない」を信条としたワイン造りが行われています。原料となるブドウは標高差が400mある高山村内に点在する畑で栽培されたもので、多様な気候帯で個性豊かな栽培者によって栽培されたブドウは、やはりとても個性的な表情を見せてくれます。

醸造家
鷹野永一さん

メルロー＆カベルネ

おすすめ
ご当地ごはん
**ジビエ料理
（鹿肉など）**

高山村で捕れる鹿肉などを用いたジビエ料理は、低脂肪、高タンパクで味が深く、ロースト香やスパイス感のあるメルローやカベルネと同調・補完し合うことでさらに味わいが際立ちます。

ミュゼドゥヴァン 松本平ブラッククイーン

おすすめ
ご当地ごはん
山賊焼き

長野県塩尻市が発祥の地とされる郷土料理の山賊焼き。肉汁たっぷりのジューシーな鶏肉は、柔らかなタンニンと濃厚な果実味を楽しめるこのワインで旨味倍増。

アルプス（長野県）

1927年、長野県塩尻市で創業。原料のブドウを安定的に確保するため、1970年代より長野県内のブドウ栽培農家と『アルプス出荷組合』を結成。現在、自社農園約47ha、県内約400軒の契約栽培農家などから良質なブドウを安定的に確保し、本州最大の規模を誇っています。長年の経験と最新の醸造設備、検査機器等を駆使して、原料栽培から製品出荷まで徹底した工程管理を実施。ブドウの品種の特徴が表現された高品質なワイン造りが行われています。

醸造家
森 健太郎さん

ヴィラデスト ソーヴィニョンブラン

おすすめ
ご当地ごはん
**千曲川の
アユの塩焼き**

千曲川では江戸時代より川魚を独特の漁法で獲る「つけば漁」があります。川岸のつけば小屋で焼かれたアユと、ワインの柑橘系やハーブの華やかな香りやキレのいい酸がぴったり。

ヴィラデストワイナリー（長野県）

画家やエッセイストとして活躍する玉村豊男氏が1991年に東御市に移住し、西洋野菜やハーブの栽培を行う農園「ヴィラデスト」を始め、2003年に創業したワイナリーです。四季折々の花々が咲き誇る庭園と美しい景観を望める丘で、ワインのあるライフスタイルを提案。2015年には「日本ワイン農業研究所 アルカンヴィーニュ」を立ち上げ、ワイン造りを志す人たちを育て、新しい産地を作る役割も担っています。

栽培醸造責任者
小西 超さん

伊豆プティ・ヴェルド

おすすめ
ご当地ごはん
**静岡牛の
煮込み
ハンバーグ**

黒果実とカシスの香りと樽香が調和し、しっかりとした渋みとやや若い感じの酸味が広がり、煮込みハンバーグの濃厚な味わいと牛の肉汁の旨味を引き上げます。

中伊豆ワイナリー（静岡県）

創業者でありワイン愛好家でもある志太勤氏が「地元へ恩返しをしたい」という強い思いを持って2000年に設立。本来ブドウ栽培は難しいとされる伊豆の地で、創意工夫と努力によって困難を乗り越え伊豆ワインを造り上げました。温泉を備えたホテルも近場にあり、ワインを楽しめるレストランやロケーションを活かしたウェディング・乗馬施設・宿泊施設（グランピング）を兼ね備えた複合型リゾート施設としても充実しています。

醸造家
松本 智康さん

h3 Caribou

> おすすめ
> ご当地ごはん
> **フナ寿司**

奈良時代、朝廷に特産物として献上されていた「フナ寿司」の乳酸発酵の香りと酸味、旨味が、デラウェアの酸味、旨味と同調し、発酵食品好きにはたまらない味わいです。

ヒトミワイナリー（滋賀県）

「あいとうぶどう」の産地として知られるこの地で、1991年にアパレル会社の創業者が設立。ろ過をしない「にごりワイン」を専門で造るワイナリーで、施設内には天然酵母で作られるパン工房も備えています。併設する「日登美美術館」がメインに収蔵・展示している民藝陶芸家のバーナード・リーチ氏と同じく、一般の人々が日常的に楽しめることをテーマにし、ポップなエチケット（ラベル）デザインなどの自由で斬新な発想が人気を集めています。

醸造家
石本 隼也さん

京丹後産 サペラヴィスパークリング

> おすすめ
> ご当地ごはん
> **山椒のきいた牡丹鍋**

サペラヴィの特徴的な豊かな酸と凝縮した果実味、微かに感じるタンニンが、丹波地方特産のジビエ料理である牡丹鍋に山椒をきかせることで、さらに絶妙なバランスを生み出します。

丹波ワイン（京都府）

京都府のほぼ中央、1日の気温差が大きい丹波高原に、京都の食文化に合うワイン造りを目指して1979年に創業。現在約6haの自社農園を所有し、約50種類の醸造用品種を栽培、丹波の地に最適なブドウ品種を見つけ出す地道な努力を続けています。醸造においても常に創意工夫を行い、繊細な京料理に寄り添い引き立てることを心がけて、和食との相性を突き詰めたワイン造りを行っています。併設するレストランでもワインと地元食材との共演が楽しめます。

醸造家
内貴 麻里さん

たこシャン

> おすすめ
> ご当地ごはん
> **たこ焼き**

瓶内発酵の大阪デラウェアの華やかな香りとパワフルな味わいは、関西風の出汁のきいたたこ焼きによく合います。濃厚なソースや青のり、紅しょうがにも負けません。

カタシモワイナリー（大阪府）

大正3年（1914年）、創業者の高井作次郎氏が果樹園の経営のかたわらワインの醸造に成功し、前身となるカタシモ洋酒醸造所を設立。大阪ワイナリー協会の代表を務める西日本最古のワイナリーとして、醸造技術の研鑽や商品開発はもちろん、かつて日本一の産地だった大阪のブドウ畑を後世に残すための地域活動も積極的に行い、農林水産大臣賞を4回受賞するなど地域未来を牽引する企業としても高い評価を受けています。

醸造家
高井 麻記子さん

ベネディクシオン ブラン

おすすめ
ご当地ごはん
豚まん

外国人居留地が開かれ多彩な食文化が育まれてきた神戸発祥の豚まんの脂身と、樽発酵による厚みと複雑性が豊かなシャルドネの酸味が調和し、旨味が口いっぱいに広がります。

神戸ワイナリー(兵庫県)

1970年、国営の農業用水事業と並行して行われた農地開発事業で、果樹用の農地を作ったことからワイン用ブドウの栽培が始まり、1984年に農業公園の中にワイナリーを設立。以来、自社畑と市内の契約農家で収穫された神戸のブドウのみでワインを造り続けています。瀬戸内海や神戸の街を一望する広大な園内には四季の花が咲き乱れ、バーベキューハウスやカフェはもちろん、ゴーカート場などの遊技場もあり、家族連れでも1日ゆっくり楽しめるワイナリーです。

製造責任者
安居 俊和さん

島根わいん 縁結甲州

おすすめ
ご当地ごはん
出雲蕎麦

蕎麦の実を殻ごとすべて挽く「挽きぐるみ」で作られた出雲蕎麦の深い風味と甘めのつゆは、スッキリとした酸と奥行きのあるふくよかな余韻が特徴的な甲州と最高の組み合わせ。

島根ワイナリー(島根県)

昭和30年代、山陰という地域特性の長雨から生ずる裂果や着色不良果などの対策のため、ブドウ加工施設設置の声が高まり、1959年、前身である「島根ぶどう醸造」が誕生。1985年、移転新築構想で、「ワイン専用品種の契約栽培による第一次産業のブドウ造り」、「第二次産業のワイン造り」、「第三次産業の観光ワイナリー」を三本柱に取り組むこととなりました。出雲大社の参拝者もたびたび訪れ、地域活性化の役割を担っています。

醸造家
堀江 博巳さん

奥出雲ワイン カベルネ・ソーヴィニヨンロゼ

おすすめ
ご当地ごはん
ほうれん草や春菊の白和え、野菜の天ぷら、煮染め

島根県ではお茶請けに漬物やおそうざいなどを楽しむ文化があり、語らいの時間に欠かせないものとなっています。野菜のおそうざいはワインの豊かな酸や仄かな渋味とも調和します。

奥出雲葡萄園(島根県)

1990年、「食の安全」をうたう木次乳業が山ブドウ交配品種のブドウ栽培を志し、ワインを醸造するためワイナリーを設立。1999年当時、木次町は有機農法や低農薬の農業を志す人材を募集、農園「食の杜」を形成しようとしていました。その呼びかけに共感し、現在の地に移転。欧州系品種など数多くのブドウを自主農園で栽培し、地元の農家の人々と共に地域に根差したワイン造りを行っています。敷地内のカフェでは雄大な景色を眺めながら、地元の旬の食材を使った料理が楽しめます。

醸造家
安部 紀夫さん

山葡萄[赤]

おすすめ
ご当地ごはん
**蒜山高原
ブルーチーズ**
（スティルトンタイプ）

蒜山高原のジャージーのミルクで作られたブルーチーズ。独特の風味と濃厚なミルク感が、ワインの赤い果実と木の香り、強めの酸味と相まって、コクの深いマリアージュを生みます。

ひるぜんワイナリー（岡山県）

国立公園の中にある蒜山高原は、蒜山三座や大山を背にジャージー牛がのんびり草をはむ牧歌的な雰囲気の高原で、年間260万人の観光客が訪れます。1978年、この地の名物料理として生まれたジンギスカンに合うワインを目指し、自生していた山ブドウの栽培化を開始。1987年にワイナリーを設立しました。場内にあるゆったりとしたカフェスペースでは、グラスワインやワイン＆チーズセットを蒜山三座の雄大な景色と共に楽しめます。

醸造家
本守 一生さん

TOMOÉシャルドネ
新月

おすすめ
ご当地ごはん
ワニ肉料理

備北地方などの山間部では日持ちのよいサメを「ワニ」と呼び、昔から食べられてきました。ワインの持つりんごのようなキリッとした酸と樽香は、淡白なワニ肉の刺身や唐揚げなどと相性抜群です。

広島三次ワイナリー（広島県）

1994年、三次地域の農業振興と地域活性化を目的として広島県内初となるワイナリーを創業。2007年に自社農園を始めて、海外品種の栽培に力を入れます。翌年にはフラッグシップとなるTOMOÉワインシリーズを生み出し数々のコンクールで賞を受賞する実力派ワイナリーに。レストランやショッピングが充実した観光スポットとしても注目を浴びる中、2019年には大型ワインセラーを備えた「TOMOÉ館」をオープンし、日本ワインが持つ繊細な味わいを伝えることに力を注いでいます。

ワイナリー長
太田 直幸さん

ソヴァジョーヌ・サヴルーズ
〜芳しき野生の乙女〜

おすすめ
ご当地ごはん
**オリーブ
ハマチ**

実は世界で初めてブリの養殖に成功したのが香川県。「オリーブハマチ」は小豆島の特産であるオリーブの葉をエサとして与えて育てたハマチで、香大農R－1の軽快な酸と軽やかなタンニンがマッチします。

さぬきワイナリー（香川県）

平成元年、「瀬戸内海を見渡す丘の上のワイナリー」として醸造を開始した四国で最初のワイナリー。生産性の高いワイン専用品種を組み合わせたブドウによるワイン造りで、農家の経営規模拡大と就農機会の増大、所得の向上を図ると共に、特産品であるブドウを守り、観光情勢にも寄与させることを目的として設立されました。地元産の牡蠣に合わせた甲州や、香川大学農学部が開発した「香大農R－1」でワインを造るなど、地域の活性化で重要な役割を担っています。

醸造家
竹中 剛さん

安心院スパークリングワイン

おすすめご当地ごはん
鶏天

爽快ではつらつとしたシャルドネのスパークリングワインは、大分のソウルフードでもある旨味の詰まった鶏天と最高の組み合わせ。カボスやすだちなどを搾っても。

安心院葡萄酒工房（大分県）

1964年、安心院町を含む中山間地の593haにも及ぶ広大な開発事業が開始され、西日本有数のブドウ生産地域としての産地形成が行われることに。安心院町でブドウの栽培が始まるのを受けて、1971年に果実酒製造免許を取得し「アジムワイン」の生産を開始。2006年に安心院町産のブドウのみを利用したワイン生産にシフトし、2011年からは、自社畑の拡張をはじめとしたワイン専用品種の選定を含めて、さらなる品質向上に取り組んでいます。

醸造家
古屋 浩二さん

菊鹿シャルドネ

おすすめご当地ごはん
からしれんこん

熊本藩主の滋養強壮のために考案されたからしれんこん。シャキッとした歯ごたえにピリッとした辛味が、ワインのハーブや黄桃の香りとからみ合い、際立つ酸とふくよかな味わいが広がります。

熊本ワインファーム（熊本県）

1999年、熊本市北区に熊本県内のブドウを用いた「熊本ワイナリー」が設立。同時に県北に所在する山鹿市菊鹿町に「シャルドネ」と「カベルネ・ソーヴィニヨン」の植樹を契約栽培にて開始しました。2018年には山鹿市菊鹿町に「菊鹿ワイナリー」を設立し、念願だった自社農園の取り組みも稼働。農業やワイン醸造を通じて地域に貢献し、世界に発信できるようなワイン造りに挑戦しています。

醸造家
西村 篤さん

キャンベル・アーリーロゼ

おすすめご当地ごはん
チキン南蛮

良質な果汁のみを使用し低温発酵させ、熱処理をしないフレッシュでフルーティーなワインは、宮崎名物のチキン南蛮の甘酸っぱい味わいとたまらないハーモニーを生み出します。

都農ワイン（宮崎県）

都農町のブドウ栽培は、戦後まもなく一人の農民が田んぼにブドウの木を植えたことから始まりました。現在まで「尾鈴ぶどう」として続く歴史を支えてきたキャンベルアーリーを中心に、1998年ワイナリーを設立。降水量と台風被害が多いこの地はブドウ栽培に適さないと言われていますが、創意工夫を重ね、不可能を可能にする挑戦を続けて高品質なワインを生み出しています。その妥協のないワイン造りは国内外で高く評価されています。

醸造家
赤尾 誠二さん

マンズワイン 勝沼ワイナリー（山梨県）

1962年に設立したマンズワインの勝沼ワイナリーは、主に日本固有品種の甲州やマスカット・ベーリーAなどのワインを中心に生産する、山梨県内最大規模のワイナリーです。従来より幅広い支持を受け続けているタンク内二次発酵方式（シャルマ方式）のスパークリングワイン「酵母の泡」シリーズはもちろん、2020年にワイナリーショップの大改装と同時にブラッシュアップされた、甲州やマスカット・ベーリーAを使ったハイクオリティなワインにも注目です。

● 勝沼ワイナリー ツアー概要

■ポイント
- 実際にワインが育成されている樽が設置された通常非公開の地下セラーを見学できる
- 映像やガイドの説明でマンズワインや日本ワインについて知ることができる
- 解説を聞きながらプレミアム日本ワイン「ソラリス」をテイスティングできる

■受付方法
ワイナリーで直接申し込み。電話予約も可能。
勝沼ワイナリー　0553-44-2285

※ツアーの内容は季節によって異なります。
※ツアー開催日などの詳細はマンズワイン公式サイトでご確認ください

② 地下に入り、まずはマンズワインの歴史や日本ワインについての映像を鑑賞します。

ワイナリー
ツアー
スタート!

① 入り口ではツアーガイドがお出迎え。自己紹介のあと、コルク打ちなど古い備品や、銅像「葡萄酒と老人」といった展示について解説を聞きます。

ワイナリーではワインが購入できる他、施設や畑の見学を可とするところでは、予約制でセミナーやPV鑑賞、試飲セットなどの見学コースが設けられていることも。各所でいろいろな取り組みが行われているので、事前にHPをチェックしてワイナリーをいっそう楽しみましょう。ここではマンズワインの勝沼と小諸のワイナリーの見学コースの様子をご紹介。

④ マンズワインの畑の地形や生産者の人々を知ることで、ワインが農産物であることを体感し、親近感がわきます。

③ 普段は入ることのできない地下セラーへ。ワインが樽の中でゆっくりと熟成していく様子を見学できます。

⑥ 見学の後は、ショップでお買い物♪自分に合ったワインを見つけてみましょう！

⑤ ソラリスルームでセミナー＆試飲。各ワインの詳しい造り方の解説や、合う料理の組み合わせなどを聞きながらじっくりとテイスティングできます。

● ワイナリー案内

[住所] 〒409-1306 山梨県甲州市勝沼町山 400
[TEL] 0553-44-2285（FAX 0553-44-2835）
[アクセス]
■ 車の場合 … 中央自動車道・勝沼IC より 約7km
■ 電車の場合 … JR 中央線 塩山駅よりタクシーで 約5分

※営業時間や休業日はマンズワイン公式サイトでご確認ください。

マンズワイン公式サイト：
https://mannswines.com/

ワイナリーを訪ねて

そらしどが行ってみたよ！

マンズワイン
小諸ワイナリー（長野県）

1973年に浅間山や千曲川などの自然を感じられる小諸にワイナリーを建設。主に欧州系品種を育て、マンズワインの技術を結集したプレミアム日本ワイン「ソラリス」シリーズを中心に生産しています。園内には樹齢100年を超える龍眼（善光寺ブドウ）の原木なども植えられた信州の風土を模した約三千坪の日本庭園「万酔園」があり、自由に散策することも可能です。

● 小諸ワイナリー ツアー概要

■ポイント
・1981年植え付けのシャルドネの古樹や32品種が植えられた品種園を解説付きで楽しめる
・通常非公開の地下セラーでは1970年代の試醸ワインやVIPルームを見学できる
・畑を見下ろせる2階テラス席でプレミアム日本ワイン「ソラリス」を堪能できる

■受付方法
ワイナリーで直接申し込み。電話予約も可能。
小諸ワイナリー　0267-22-6341

※ツアーの内容は季節によって異なります。

※ツアー開催日などの詳細はマンズワイン公式サイトでご確認ください

❷ 外に出ると、庭に展示された巨大なティナハ（ワイン造りに使う素焼きのかめ）が。

ワイナリーツアースタート！

❶ まずはワイナリーの映像ルームへ。マンズワインの企業理念や、普段は見ることができない選果の様子、醸造設備などの映像を鑑賞します。

同じマンズワインでも、勝沼と小諸ではワイナリーツアーの内容も見どころも異なります。
どのワイナリーも春夏秋冬、その時期にとって異なる景色が楽しめるので
ぜひ2度3度と足を運んでみましょう。

④ 日本庭園「万酔園」を散策。ワイナリーのある信州の風土をなぞらえた庭園は自由に散策できます。

③ 次にワイナリー園内の畑に場所を移し、マンズ・レインカット栽培法などの解説を聞きます。

⑥ 地下に進み、ワインセラーの歴史やこだわり、解説に耳を傾けた後はセミナー＆試飲。それぞれのワインの解説やペアリングについてお話を詳しく聞いたら、自分に合う1本を探しにお買い物♪

⑤ 奥信濃地方に古くから伝わる「善光寺ブドウ」の原木を鑑賞。この品種は現在の龍眼（P.133参照）で、ワイン造りにつながるストーリーに心が躍ります。

● ワイナリー案内

［住所］〒384-0043　長野県小諸市諸375
［TEL］0267-22-6341（FAX 0267-22-6339）
［アクセス］
■ 車の場合 … 上信越自動車道・小諸IC 約5分
■ 電車の場合 … JR 小海線・しなの鉄道 小諸駅よりタクシーで 約10分
　　　　　　　　 北陸新幹線 佐久平駅よりタクシーで 約30分

※営業時間や休業日はマンズワイン公式サイトでご確認ください。

マンズワイン公式サイト：
https://mannswines.com/

新旧醸造家対談（島崎大&西畑徹平）

マンズワイン小諸ワイナリーで造られるプレミアム日本ワイン「ソラリス」シリーズを手がけてきたお二人に、ソラリスに対する想いと食との関係を聞きました。

代表取締役社長
島崎 大 さん

小諸ワイナリー 醸造責任者
西畑 徹平 さん

マンズワイン株式会社代表取締役社長。1983年入社。1987年から4年間フランス留学。日本ワインの品質向上に取り組む、「ソラリス」シリーズの立役者。

マンズワイン株式会社小諸ワイナリー栽培・醸造責任者。2005年入社。ブルゴーニュ、ボルドー留学後、2018年から島崎大よりソラリス醸造責任者を引き継ぐ。

そらしど　お二人はフランスでワイン造りを学ばれ、日本で本格的な海外品種のワインを手がけられています。ワインと食についてのお話もお聞かせください。

島崎　私は今でも入社時の技術担当の竹澤さんの「ワイン造りは時間のかかる料理みたいなものだ」という言葉を大切にしています。自宅でも料理を作りますが、赤には塩こしょうやバターで軽く焼いたお肉、白には塩とオリーブオイルでタイのカルパッチョなど、素材を生かすシンプルなものがいいですね。料理の素材と同様、ワイン造りはどれだけよいブドウを育てるかが大切です。ワイン造りのベースをいくつも持っているので、ブドウをリスペクトしていればワインは必然的によくなると思います。

西畑　自分は特別料理に合わせることはあまり考えず、飲みたいワインがあって、そこに自然に料理があり、それで楽しめばいいと思うタイプです。唐揚げが大好きなので、白にも赤にもいける！みたいな。ワイン仲間には料理人が多いので、作ってもらった料理を気楽に楽しみながらワインのテイスティングをすることが多いです。

そらしど　栽培担当の皆さんともワインを持ち寄って研究飲み会をされているそうです

西畑　今のこの地の気候風土をワインで表現したいと思って、できるだけ畑に出ています。ブドウを見て造り方を決めるので、自分が軽いワインが好きだからとそのように造ることはありません。ワインからこの土地を感じてほしいと思っています。

そらしど　長年ソラリスシリーズを手がけてこられた島崎さんから西畑さんに引き継ぐにあたり島崎さんが思うこと、また、西畑さんとしてもプレッシャーなどはありましたか？

島崎　マンズワインでは数年ごとに技術者を海外に留学させて育てていますし、ソラリスの醸造を自ら志願した西畑が引き継ぐことは自然な流れでしたね。西畑さんの影響でセラーを買い、自分の育てたブドウがどんなワインになるかを意識し始めてからより栽培への熱が高まったとか。西畑さんは畑に出ることも多いそうですが、普段からそうやって栽培の方々と信頼関係を築いていらっしゃるのだなと。

西畑　ソラリスは醸造家が変わったからといって大きく変わるワインではありません。そしてさらに技術力の発展やブドウの樹齢に合わせて改善を重ねるので、常にそのときのベストを目指して造れば結果に結びつくと思います。

そらしど　今飲んでも寝かせて10年後に飲んでもおいしいワインと言われるソラリスシリーズ。これまでもこの先もそうして次世代に受け継がれていくソラリスが日本の食卓を華やかに彩り続けるのが楽しみですね。

新旧醸造家対談（長尾公明&宇佐美孝）

マンズワイン勝沼ワイナリーで甲州やマスカット・ベーリーAを中心に、日本の食卓に寄り添うワインを手がけるお二人に商品開発やワインと食への想いを聞きました。

宇佐美 孝さん
勝沼ワイナリー 醸造責任者

長尾 公明さん
研究開発顧問

マンズワイン株式会社研究開発顧問。1977年入社。カリフォルニア大学デービス校でワイン醸造学を学ぶ。帰国後、新しいアプローチでのワイン造りに取り組む。

マンズワイン株式会社取締役製造部副部長、勝沼ワイナリー醸造責任者。国内二大品種の可能性を追求したワイン造りに挑戦中。

そらしど まずは日本一飲まれるスパークリングワインとして勝沼ワイナリーの顔である「酵母の泡 甲州」の2022年のサクラアワード6冠受賞おめでとうございます。その「酵母の泡」を開発された長尾さんはカリフォルニア、それを引き継がれた宇佐美さんはオーストラリアと、それぞれニューワールドと呼ばれるワイン産業の新興国に留学されましたが、それぞれのお話をお聞かせください。

長尾 カリフォルニアは日本同様、ヨーロッパと違ってワインの歴史が浅い背景から、伝統を重んじるよりも、よいと思われることは即取り入れて挑戦していくスピード感がありましたね。

宇佐美 オーストラリアも同じでワインメーカーを育てる前提で実践的なことを教えられました。

長尾 私の時代、日本ではまだ料理とワインを合わせるという発想より、あるブドウを何とかワインにするという前提だったので、とにかくおいしいワイン造りを目指しました。その頃ようやく日本でもスパークリングワインが結婚式の乾杯以外のシーンで飲まれるようになってきて、ほとんどのワイナリーが炭酸ガス注入で造っている中、本格的な二次発酵のワインを広めていきたいと思い、タンク内で発酵（P.128～129）させることを第一に目指しています、る「酵母の泡」の開発に挑むことになりました。何もないところで1から始めるのではなく、今ある設備を利用して造るには大変な労力や工夫が必要で、品質を安定させるのに苦労しました。宇佐美たち後継者が技術を高めてここまで持ち上げてくれたことが本当にありがたいです。

そらしど 日本のテーブルワインの代表としてスーパーでも手軽に買える空前のヒット商品となりましたね。

宇佐美 今でも長尾さんと共に検証と研究を重ねてブラッシュアップしています。

そらしど 「酵母の泡」は食事に合うワインとしても高く評価されていますが、宇佐美さんはワインを造るときにそのようなことを意識していますか？

宇佐美 試行錯誤はしていますが何と合わせておいしいとか狙っている訳ではなく、常に醸造的な欠陥がなく健全に造ることを第一に目指していますが、結果的にそれが食に合うワインになっているようです。例えば我が家では毎週金曜がカレーの日で、マンズワインの「山梨 マスカット・ベーリーA」とよく合わせますが、とても相性がよいですね。

長尾 日本の甲州やマスカット・ベーリーAといったブドウは雨が多くて多湿な気候に合う品種なので、日本人が好む出汁などの味覚にとてもマッチするんですよ。

そらしど 日本の素材の料理は必然的に日本ワインと合うのですよね。今後も日本の食卓で日本ワインが定番となるよう、マンズワインのご活躍を願っています。

日本ワイン対談（松本信彦＆大村春夫）

日本のワイン文化の中心である山梨県勝沼町で、長年日本ワイン界を牽引してきたお二人に、日本ワインへの挑戦と想いについて聞きました。

マンズワイン 常任顧問
松本 信彦さん

丸藤葡萄酒工業 代表取締役
大村 春夫さん

松本 信彦さん……マンズワイン株式会社常任顧問。1969年入社。1976年フランス・ボルドー留学。帰国後、ソラリスにつながる欧州系品種に取り組む。

大村 春夫さん……丸藤葡萄酒工業株式会社代表取締役。1974年入社。1986年専務取締役を経て現在に至る。

そらしど お二人の出会いはとても運命的なものだったそうですね。

松本 1877年、日本人で初めてワインを学びにフランスに渡って日本ワインの基礎を築いた勝沼の二人の青年、高野正誠と土屋龍憲のちょうど百年後の1977年、私と大村さんもフランスでワインを学んでいる時に偶然出会いました。

大村 松本さんは会社から派遣されてボルドー大学に留学しているときで、自分はボルドーのブドウ・ブドウ酒研究所にいて知り合いもいなくてほとんど外出もせず引きこもり状態でしたが……。

松本 日本人が街中で1人寂しそうにしているから行ってやってくれと言われて、私が大村さんを誘いに行きました。

大村 あの寮にはフランス人はもちろん、ペルー、オーストラリア、イタリア人といろんな人が集まってときどきワイン会をしていましたね。パソコンもメールもない時代なので、家族や知り合いからポストに手紙が来るのが皆自慢でしたよ。松本さんはお嬢さんが生まれたばかりでしたので国際電話で話をしたりしていて……。

松本 実は大村さんが先に日本に戻られたので、私の子どもが生まれたときは私よりも先に大村さんが会っているんです。私はクマのぬいぐるみを大村さんに託しました。その頃は「勝沼のワイナリーの人だな」とは思っていましたが、後に大村さんが偶然にも弊社マンズワインの初代社長の甥っ子だったと知り、さらにご縁を感じましたね。

そらしど まさに運命の出会い! そこから改めてお二人の日本でのワイン造りへの挑戦が始まるのですね。

大村 自分はとにかく本格的な辛口ワインを造りたかったんです。当時、俳優の方が経営していたレストランでうちのワインを扱ってくれていたのですが、ときどきレストランに顔を出すと今回のワインは俺の料理に合わないと言われてしまいました。わざわざ言ってくれたことに奮起し、何とかシェフの期待に応えようと一生懸命辛口ワインを造っていました。そこから本格的に欧州系品種のシャルドネやカベルネなども植え始めたけど、雨の多い日本の気候ではなかなか難しくてね……。

松本 マンズワインは福島や塩尻など、各地での栽培にもいち早く挑戦し、度重なる失敗を重ねながらマンズ・レインカット栽培法（※1）などを開発して雨除けすることで、少しずつ結果を出していきました。最近ではフランスの方も天候が不安定になり、自動式のマンズ・レインカット栽培法のようなものが開発されたそうです。日本がやってきたことを本場もやり始めているんです。天候に悩まされて創意工夫を重ねたことで日本の栽培技術は発展したのかもしれませんね。

大村 1988年当時、なかなか思うようなワインができないときに、関税が引き下げられて海外から安くておいしいワインが日本市場に入ってきて……。あと2年で創業

100周年なので、そこまでは何とか続けようと思っていました。そんなとき、マンズ・レインカット栽培法に出会いました。垣根式栽培にも欧州系品種で挑戦しました。

松本 大村さんはボルドー時代、仲間内から「石の大村」と言われるほど、意志が強くてけっして周囲に流されない人でしたね。柳の樹のようにしなやかで柔軟な人柄なのですが、自分の信念はけっして曲げない。そんな人だから私は今でも1番信頼していますし、危機的状況も地道な努力で乗り越えられたのでしょう。

そらしど マンズワインは頒布会や新酒会、テレビCMなども日本で最初に始められ、松本さんご自身もテイスティンググラスを日本に伝えられたのですよね。

松本 私は日本人で3人目にボルドーで利酒適性資格(※2)の資格を取りました。当時利き酒と言う言葉もテイスティングと言う概念も日本にはなかったのですが、講演でやはり日本のワインのためにつくせと言われて生まれてきたのかな、と……。

本人がボルドーに渡り講座を受けるようになったそうで、現地の人たちも驚いていましたね。その後たくさんの日本人がボルドーに渡り講座を受けるようになったそうで、現地の人たちも驚いていましたね。

は日本のグラスメーカーに作ってもらい、同時に4ヶ国語でマニュアルを作りテイスティンググとはどういうものかを広めました。

大村 我々個人ワイナリーはマンズワインさんからは栽培を、メルシャンさんからは醸造技術を、サッポロさんからも、いつも大手の技術公開を学び、助けられて切磋琢磨してきました。

松本 自分自身も後輩や周囲に自分の技術をどんどん伝えたいと思っています。実は私は雨宮勘解由(あまみやかげゆ)(※3)の血が流れている家系らしく、こんなにも長くワインに携われたのは、こんな……。

大村 実際日本で本格的なワイン造りを目指してきて、本当に苦労が絶えないし、未だ挑戦中だけれども、正直売ることを全く考えなければこんなに面白いことはない!(笑)

そらしど そんな日本ワイン界を長く見つめてこられたお二人ですが、食事と日本ワインへの想いはどうでしょうか?

松本 我々はプロとして一応組み合わせを考えて提案しますが、フランスではワインは生活に当たり前の存在となっていて、赤も白も関係なく食事の初めから最後まで、通しで1本飲むことがほとんどでした。日本のワインは優しい味わいで食事に合わせやすいと思うので、皆さんも気軽に自由に飲んで欲しいですね。

大村 醸造試験所で研修していた1974年当時、日本の消費量は国民一人当たり200mℓでした。通勤中、新宿駅の地下道ですれ違う人々がハーフ瓶1本でも飲んでいたらなあと毎日思っています。あの頃より15倍も日本のワイン消費量が増えたとは言え、若い世代のお酒離れが進んでいる時代だからこそ、細かいことを気にせずに飲んでもらえればと思っています。

そらしど これからもお二人共に若き挑戦者たちのお手本として、よき相談役として、末永く日本ワインに寄り添い続けてください。

(※1)…マンズ・レインカット栽培法
ブドウの垣根をビニールで覆って雨を防ぐ、マンズワインが開発した栽培法。雨に当たると病気になりやすいブドウを守ることで、ブドウが理想的な状態まで熟すのを待つことができる。

(※2)…利酒適性資格
ワインのテイスティングを科学的に実施することにより、その製造、販売等に資することを目的として、ボルドー大学が発給する資格。

(※3)…雨宮勘解由
甲州葡萄の発祥にまつわる伝説の人物。

一香庵

蕎麦へのこだわり

一香庵では、「蕎麦は原材料で決まる」とのポリシーから、その年ごとの蕎麦の実の出来による変化を常に考え、工夫して作った蕎麦をご提供しています。

日本一の蕎麦職人の高橋邦弘さん率いる翁・達磨グループが厳選した蕎麦粉を使用。色味と香りを大切に、ブレンド、配合、粉の挽き方を調整しています。専用の碾き臼で挽き立てを直送し、香り高い江戸蕎麦のご提供を心がけています。

蕎麦つゆは薩摩 枕崎のかつお節、本枯節2年ものを厳選し丹念に磨き上げ出汁を作り、蕎麦つゆに使う返しは、醤油を徹底した温度管理のもとに仕込み、無二の相性を誇る出汁と返しから一香庵極みの味を表現しています。

蕎麦打ちの様子も間近で見られるので、職人たちの熟練の技をぜひお楽しみください。

蕎麦打ちの要素は、こねる、延ばす、切るの3つです。言葉にするとシンプルですが、職人の経験と技による絶妙な仕事です。

蕎麦はそのときどきの粉の質や状態、ほんの一滴の水加減によって仕上がりが左右されます。一瞬の気の緩みも許されない世界で、職人達は日々蕎麦と向き合っています。

こだわりの材料と職人技が織りなす、挽き立て、打ち立て、ゆで立ての3タテが揃った蕎麦を、香り高い蕎麦つゆでお召し上がりください。

素材にこだわったこだわりの細切り蕎麦と、厳選素材でていねいに作り上げた返しを使ったつゆの相性は抜群です。

お店には蕎麦打ち場を併設。料理を待つ間に、職人の蕎麦打ちを間近で楽しむことができます。

東京の二子玉川にオープンして約20年の江戸蕎麦専門店です。
お店に足を踏み入れると、通路に面した蕎麦打ち場があり、
職人の蕎麦打ちの技術をご覧いただきながらお蕎麦を楽しむことができます。
蕎麦へのこだわりはもちろんのこと、
天ぷら蕎麦などの種ものメニューも温かいもの・冷たいもの共に充実しており、
蕎麦膳やお酒のお供になる一品料理も豊富に揃っています。

座席は、テーブル席の他にお座敷も。大人1人でも、お子様連れの方も歓迎です。

定番メニューのほか、季節の食材を使ったお料理や一品メニューも充実。お酒と一緒に蕎麦前も楽しめます。

店内は明るく落ち着いた雰囲気。華やかな生花は毎週華道家の方によって生けられ、季節の情景を演出しています。壁には書画がかかっています。時には人気作家の作品も並び、さながらミニギャラリーのようになる時も。
また、日本ワイン「酵母の泡」（マンズワイン）も楽しむことができます。

人気メニュー
えび天せいろ

一番人気は、鉄板のえび天とせいろの組み合わせ。当店自慢のランチメニューです。ぜひご賞味ください。

ACCESS [住　所]〒158-0094　東京都世田谷区玉川3-17-1　玉川高島屋S・C南館6階
　　　　　　　　　　東急田園都市線　二子玉川駅下車　徒歩約4分
[電　話]TEL:03-3707-2727（予約もこちらから）
[営業時間]11:00 ～ 22:00（ラストオーダー 21:00）※営業時間は変更になる場合があります。
[定 休 日]玉川高島屋休館日に準じる
[座席数]56席、座敷1室（14名様まで）
※最新の情報は電話で問い合わせ可能。

料理ページ著者

二宮崇典 (にのみや・たかのり)

都内調理師学校卒業後、日本料理の道へ。その後、教育関係に戻り調理師学校数校で生徒の指導にあたる。本当に必要な料理の基礎・知識・技術をていねいにわかりやすく指導し、これまで1万人以上の料理家を育成。料理界の教職者として『料理が苦手な人でも必ず美味しい料理が作れるようになる』をモットーとしている。

料理ページ協力者

料理アシスタント

榎本弥生、齋藤須美子、白井亮子、髙橋聡子、中井真衣、増山久美子、Maoko

Special Thanks (Nino's cooking 他)

石黒智子、泉惠未、伊藤みどり、尾澤直子、小田英美子、小田真希子、織田陽子、隈部有紀子、小高恵子、齋藤公代、白井菜々香、杉﨑佳子、須藤かつ子、福田愛、福田和子、藤井亜生子、古橋幸子、星野裟紀子、星野理恵子、三角綾子、宮川えり、宮川佳代子、宮本淑子、吉田幸子、渡邉昭榮、K.H

日本ワインページ著者

そらしど
ノンフィクション作家兼イラストエッセイスト

「わいんのちから～the power of wine」主宰者。全国のワイナリー、飲食店、酒販店、宿泊施設とタッグを組み、イベントやチャリティー活動、日本ワインスタンプラリーアプリの開発運営を通して、日本ワインの力で動物支援や社会貢献活動、日本ワイン推進＆普及活動を展開。国内最大級の日本ワイングループ「♡JapanWine～日本ワイン推進＆普及のために」、日本ワインで社会貢献を行うグループ「日本ワインに恋♡してる～ワインの力を何かのために何かの力をワインのために」(会員人数合計約10000人(2023年2月現在))の管理運営も行う。本書では日本ワインページを執筆し、料理ページのペアリングも担当。

日本ワインページ協力者

船橋清一（わいんのちから～the power of wine）

加藤典子、依田剛、出蔵哲夫、江島哲彦、堤哲哉、半田香織、太田美加

おうちごはんと日本ワイン
自宅で楽しむ絶品ペアリング

2023年2月28日 初版発行

著　者	二宮崇典　そらしど
発行者	角竹輝紀
発行所	株式会社マイナビ出版

〒101-0003 東京都千代田区一ツ橋2-6-3 一ツ橋ビル2F
ＴＥＬ　0480-38-6872 (注文専用ダイヤル)
　　　　03-3556-2731 (販売)
　　　　03-3556-2735 (編集)
E-MAIL　pc-books@mynavi.jp
ＵＲＬ　https://book.mynavi.jp

印刷・製本　中央精版印刷株式会社

STAFF

料理写真
貝塚純一

装丁・本文デザイン・DTP
松田 剛、平田麻依、大胡菜穂、猿渡直美 (東京100ミリバールスタジオ)

スタイリング
梶本美代子

編集協力
山角優子、笹木はるか
(有限会社ヴュー企画)